Françoise Sagan
Mein Blick zurück

FRANÇOISE SAGAN

Mein Blick zurück

Erinnerungen

Aus dem Französischen
von Claudia Feldmann

Ullstein

Titel der französischen Originalausgabe:
Derrière l'épaule
Copyright © Plon, 1998
Französische Originalausgabe 1998 by Plon, Paris
Übersetzung © 2000 by Econ Ullstein List
Verlag GmbH & Co. KG, München
Alle Rechte vorbehalten
Satz: MPM, Wasserburg
Druck und Verarbeitung:
Graphischer Großbetrieb Pößneck GmbH, Pößneck
Printed in Germany 2000
ISBN 3 550 08314 9

Inhalt

Bonjour Tristesse *7*

Ein gewisses Lächeln *25*

In einem Monat,
in einem Jahr *29*

Lieben Sie Brahms? *39*

Die wunderbaren Wolken *49*

Chamade *61*

Der Wächter des Herzens *71*

Ein bißchen Sonne
im kalten Wasser *77*

Blaue Flecken auf der Seele *93*

Ein verlorenes Profil *103*

Édouard und Béatrice *111*

Ein Traum vom Senegal *123*

Willkommen Zärtlichkeit *129*

Stehendes Gewitter *141*

Brennender Sommer *157*

Das Lächeln der Vergangenheit *161*

Un sang d'aquarelle *165*

Die seidene Fessel   *171*
Die Landpartie   *183*
Und mitten ins Herz   *187*

Quellenverzeichnis   *203*
Françoise Sagan – Die Romane
aus Mein Blick zurück   *205*

Bonjour Tristesse

Ich hatte nie die Absicht, die Geschichte meines Lebens aufzuschreiben. Zum einen, weil darin viele glücklicherweise noch lebende Menschen vorkommen, und zum anderen, weil mich mein Gedächtnis zusehends im Stich läßt; mir fehlen hier fünf Jahre und da fünf Jahre, was irgendwelche dunklen Geheimnisse vermuten ließe, die keineswegs vorhanden sind. Wenn ich so darüber nachdenke, kämen als Richtpunkte in meiner Chronologie nur die Erscheinungsdaten meiner Romane in Frage, die einzigen nachprüfbaren, zeitlich festgelegten und wenigstens annähernd greifbaren Meilensteine meines Lebens.

Und ob man es mir nun glaubt oder nicht, ich habe meine Bücher niemals wiedergelesen, außer *In einem Monat, in einem Jahr*, das einmal im Flugzeug die alleinige verfügbare Lektüre war. Ich fand es übrigens gar nicht mal so schlecht. Aber das war auch das einzige. Wenn mich jemand auf eine Figur anspricht, mir Vornamen, Szenen oder Botschaften an den Kopf wirft, ist das für mich alles sehr weit weg. Diese Selbstverachtung entspringt nicht der Qualität meiner Werke, sondern dem Bewußtsein, daß auf den Regalen noch zahllose unbekannte Bücher warten, die ich bis zu meinem Lebensende gar nicht mehr alle lesen kann. Und dann noch ein Buch wiederzulesen, das ich selbst geschrieben habe (und von dem ich sogar das Ende kenne) – was für eine Zeitverschwendung!

Beginnen wir also mit *Bonjour Tristesse*, das ich gestern wiedergelesen habe. Es ist ein zugleich instinktives und gerissenes Buch, eine Mischung aus Unschuld und Sinnlichkeit, die heute noch genauso explosiv ist wie gestern ... und offenbar auch vorgestern, wenn man den Erzählungen einiger alter Damen Glauben schenken möchte, denen man in ihrer Jugend meinetwegen kräftig den Hintern versohlt hat. Wie dem auch sei, dieses Buch strahlt die Leichtigkeit, Natürlichkeit und unbewußte Gewandtheit aus, die so typisch ist für das Ende der Kindheit und die ersten Verbrennungen der Jugend: es ist flüssig, geglückt und gut geschrieben.

Sein Erfolg war für mich ein Segen, zumal ich mir eines Morgens, als ich in dem Pariser Kloster, in dem ich meine schulische Ausbildung absolvierte, zur Frühmesse ging, geschworen hatte, diese weltoffene Stadt zu erobern und mich dort im strahlenden Glanz des Ruhmes zu sonnen. Ein sehr verbreiteter Ehrgeiz in dem Alter, der mich die Verrücktheit und Banalität meines Wunsches vergessen ließ.

Doch ob verdient oder nicht, Ruhm, Ehre und Erfolg befreiten mich sehr bald von meinen Träumen von Ruhm, Ehre und Erfolg – Träumen, die wohl welche geblieben wären, falls meine Bemühungen, sie in die Tat umzusetzen, immer wieder gescheitert wären; ich habe so meine Zweifel, ob mein Stolz das lange mitgemacht hätte.

Nun gut. Es ist August, wir sind in Paris. Es ist ein Sommer, wie es sie damals noch gab, Paris ist leer und schön, durchzogen von staubigen, verlassenen Avenuen voller Bäume, apfelgrün oder dunkelgrün, auf jeden Fall aber feriengrün. Ich gehe im Morgenmantel zum Bäcker an der Ecke der Rue Jouffroy und kaufe zwei Croissants. Das eine knabbere ich auf dem Rückweg an, auf dem ich lediglich einem Bus begegne, der ebenso leer ist wie die Straße, und einem schlechtrasierten Junggesellen. Das andere gebe ich meinem Vater und verspeise dann mein angefangenes unter seinem vermeintlich strengen Blick – streng, aber auch begeistert von der Herrschaft, die er während der nächsten zwei Wochen über mich ausüben darf.

Da ich bei den Abschlußklausuren im Juli durchgefallen bin, darf ich nur zwei Wochen Ferien machen, bevor ich in die Büffelbude muß. »Und das geschieht dir auch ganz recht!«, wie meine Mutter in einem ihrer Anfälle von Moral und Rechtschaffenheit gesagt hat, die sie mit schöner Regelmäßigkeit alle sechs Monate packen. Das ist der Grund, weshalb ich jetzt hier bin, Ende Juli, und darauf warte, meine Strafe abzusitzen; das ist der Grund, weshalb ich den gesamten August im Gefängnis verbringen werde, in einem unerbittlichen und frommen Etablissement, in dem uns ein paar zusammengewürfelte Fräuleins innerhalb eines Monats den verpaßten Lehrstoff eines ganzen Jahres beibringen sollen. Abgesehen von den Wochenenden ist unser Pensionat mit den ewigen Spaziergängen in Zweierreihen (in unserem Alter!) durch die Straßen von Passy schauerlich; die einzige Abwechslung ist ab und zu ein Verehrer, der einem auf dem Mofa hinterherfährt. Da ich das Ganze auch schon im Jahr davor durchgemacht hatte, in dem ich ebenfalls den ganzen Sommer schuften mußte, um die Früchte meiner Mühen ernten zu können, kannte ich diese Wanderungen bereits auswendig, die uns von Passy nach La Muette führten, von der Verlegenheit zur Gereiztheit und vom Schritt zum Galopp, denn ich folgte meiner Gruppe immer mit dem größtmöglichen Abstand, woraufhin die Aufpasserin nach mir pfiff, damit ich einen Schritt zulegte. Also trabte ich los, wie ein Schaf, das zur Herde zurückläuft.

Bei manchen Schriftstellern gibt es, so scheint mir, immer einen Punkt, an dem ein Satz oder ein Ausdruck der Melodie seines Buches plötzlich eine Tonart zuweist, der Geschichte einen Sinn verleiht. Jedenfalls ist das in allen meinen Romanen früher oder später der Fall. Die Schlüsselstelle in *Bonjour Tristesse* ist der Moment, wo Anne erfährt, daß der Mann, den sie liebt, eine Geliebte hat; der Augenblick, wo man genau wie sie begreift, daß die Geschichte für sie ein böses Ende nehmen wird. Auch in einem anderen Buch wurde mir gleichzeitig mit dem Leser klar, daß die Begegnung mit ihrem Geliebten für die Heldin fatale Folgen haben würde, nämlich als ich unter meiner Feder den lyrischen und für mich selbst unerwarteten Satz entdeckte: »Sobald Nathalie Sylvener ihn erblickt hatte, liebte sie ihn.« Derartige Sätze kündigen nicht immer nur Freudensprünge an; dieser Blitzschlag sollte verheerende Schäden anrichten.

Im zweiten Anlauf schaffte ich mein Abitur mit Leichtigkeit, wenn auch erst im Oktober, und begann zu allerlei Spontanpartys zu gehen, die meine Eltern mir ohne jedes erkennbare Kriterium gestatteten oder verboten. (Ich erinnere mich noch, wie ein junger Mann – ein ziemlich langweiliger Kerl, übrigens – von meinem Vater, der sich plötzlich aufführte wie ein Haremswächter oder eine Figur von Feydeau, barsch an der Wohnungstür abgewiesen wurde, wohingegen meine Mutter mich fröhlich zu einem Abend bei einer Schulfreundin gehen ließ, den wir dann damit zubrachten, uns der Hände ihres Vaters und seiner Freunde zu erwehren.) Tagsüber zog ich, wie sechshundert weitere Studenten, gewissenhaft in die Hörsäle der Sorbonne, die bei manchen Professoren überfüllt, bei anderen gähnend leer waren. Die übrige Zeit lauschte ich im *Vieux-Colombier* den Klarinettenklängen von Sidney Bechet und Reveilloty, die uns an den Nachmittagen sanft wiegten oder zum Zappeln brachten. Mal spielte ich nur Mauerblümchen, mal hatte ich Glück und tanzte, bis ich schließlich – zu Fuß – nach Hause gehen mußte, weil mein Taschengeld aufgebraucht war. Um pünktlich zum Abendessen zu Hause zu sein, mußte ich den ganzen Weg vom Boulevard Saint-Germain zur Place Wagram im Galopp laufen, so daß ich jedesmal völlig erschöpft ankam. Und all das, um »einen Bottich Trauben zu zertreten«, wie mein Vater den Jitterbug umschrieb. Bei diesen abendlichen Rennen schlug ich bestimmt so manchen Rekord.

Wenn ich mal einen Moment ohne Klarinette oder intellektuelle Diskussionen hatte – letztere mit Florence Malraux, ebenfalls Studentin an der Sorbonne (wir führen diese Diskussionen übrigens noch heute) –, ging ich in ein

Bistro, dessen Wirt mich gutmütig stundenlang an einem ungenießbaren Kaffee nippen ließ. Unausgefüllt, aber überspannt schrieb ich irgendwelchen albernen Kram und überarbeitete ihn dann immer wieder. Mit diesem albernen Kram füllte ich fein säuberlich ein blaues Heft, das ich, nebenbei bemerkt, gern wiederfinden würde. Der Inhalt dieses blauen Heftes war *Bonjour Tristesse*, und ich vertraute es drei Jahre später einer engen Freundin an, die Angst hatte, daß ich es verlieren könnte. Wenig später wurde sie sehr krank, und da traute ich mich nicht, es von ihr zurückzuverlangen. Als ich nach ihrem Tod ihre Angehörigen danach fragte, war es verschwunden. Ich hatte gesehen, wie meine Freundin es in ihre abschließbare Truhe gelegt hatte, aber ich wußte, daß ihre Mutter, die mittlerweile ebenfalls tot ist, die personifizierte Bosheit und zu allem fähig war. Es ist nur ein weiteres Ding, das verlorengegangen ist, aber es kommt mir vor, als hätte ich ein Kind bei lieblosen Menschen zurückgelassen.

Wie dem auch sei, *Bonjour Tristesse* ist ein Buch, das man lesen kann, ohne sich zu langweilen oder moralischen Schaden zu erleiden.

Doch auch wenn mich die Gewandtheit, mit der es geschrieben ist, wie gesagt, ein wenig überrascht, erscheint mir doch die Begeisterung, die ihm die jungen Leute von heute entgegenbringen (ganz junge und auch weniger junge) – zumindest diejenigen, die mich darauf ansprechen –, zwar schmeichelhaft, aber kaum gerechtfertigt. Anscheinend haben alle Leute, die etwas von mir gelesen haben, als erstes *Bonjour Tristesse* gelesen; manchmal natürlich auch noch andere Titel, aber dieses Buch führen sie immer wieder als wichtige persönliche oder literarische Erfahrung an, wie ein Sprößling, der mir nach seinen Abschlüssen an der HEC, der ENA, der École Polytechnique und der École des Mines* nun auch noch sein neuestes Diplom zu Füßen legt wie ein unterbeschäftigter Jagdhund.

Sonst gibt es eigentlich nicht viel über *Bonjour Tristesse* zu sagen, außer daß sich unter die enthusiastischen Lobgesänge bisweilen ein paar ziemlich giftige Kommentare von Kriti-

---

* HEC = Hautes Études Commerciales; ENA = École Nationale de L'Administration; alle vier gehören zu den französischen Eliteschulen, den sog. »Grandes Écoles« (Anm. d. Übs.)

kern mischten, die aufgebracht waren über meinen Erfolg und über die Tatsache, daß mich besagter Erfolg weder lähmte noch überschnappen ließ oder sonstwie strafte. So erfuhr ich zum Beispiel aus gewissen Zeitungen, daß in Wirklichkeit mein Vater das Buch geschrieben hatte, oder Annabel oder ein alter Schriftsteller, den man bestochen hatte, damit er den Mund hielt. Diese Gerüchte machten mir nicht allzuviel aus, aber immerhin doch soviel, daß ich mich bemühte, sie zu zerstreuen und zu beweisen, daß ich meine Bücher selbst schrieb und daß sie keine autobiographischen Elemente enthielten. Während sich das eine Boulevardblatt darüber ausließ, wieviel ich an den Tantiemen verdiente, und das nächste, auf welch frivole Weise ich das Geld ausgab, kochte ich vor mich hin, aber im stillen. Immerhin finanzierte mir *Bonjour Tristesse* mein erstes Auto, einen Jaguar XK 140, zwar gebraucht, aber ein richtiges Schmuckstück, auf das ich ziemlich stolz war. Meine Eltern trugen die Folgen meines Ruhmes mehr oder weniger mit Fassung und sahen zu, wie sich der Schneeball in eine Lawine verwandelte, der ich nicht mehr entfliehen konnte.

Ich erinnere mich noch gut an mein erstes Interview. Damals wohnte ich noch bei meinen Eltern. Der Journalist war ein Gelegenheitsstotterer, der prompt die Gelegenheitsstotterin weckte, die in mir schlummert und sich immer wieder bemerkbar macht. Wir saßen also im kleinen Wohnzimmer und folgten dem klassischen Interview-Schema, während die Tür zum großen Wohnzimmer nebenan, in dem meine Mutter gerade Hüte aufprobierte, halb offenstand. »Und wie sind Sie zur Li-li-literatur gekommen?« fragte mich mein Gegenüber neugierig. Antwort: »Also, d-d-das kann ich Ihnen w-w-wirklich nicht so g-g-genau sagen . . .«

Als ich ihn schließlich erschöpft zur Tür gebracht hatte, fand ich meine Mutter mit Lachtränen in den Augen im großen Wohnzimmer vor; ihr Gesicht war geradezu schmerzverzerrt, weil sie sich so lange bemüht hatte, diesen fürchterlichen Lachanfall zu unterdrücken. »Oh . . .«, stöhnte sie, »es tut mir leid, ich wollte gehen, als er kam, aber bei seiner ersten Frage konnte ich mich nicht mehr von der Stelle rühren. Ich wußte, daß du ihn sofort nachahmen würdest. Ach, der Typ war einfach klasse, fi-fi-findest du nicht?« Schmollend zuckte ich die Achseln, doch dann mußte ich ebenfalls lachen.

Doch das Schlimmste waren im Grunde die Dinge, die man mir in den Mund legte und die, selbst wenn sie nett gemeint waren, an die Grenze des Schwachsinns stießen und diese gelegentlich auch überstiegen. Ein Beispiel: »Sagan öffnet mir persönlich die Tür, strahlend und schlank, und begrüßt mich mit der spitzbübischen Frage: *So, Sie möchten also, daß ich mit Ihnen über die Liebe rede? Das wird meinem Verlobten aber gar nicht recht sein, er verabscheut jegliche Publicity ...*« Dieser schauerliche und in meinen Augen diffamierende Text war kursiv gedruckt, so daß es aussah, als hätte ich das selbst gesagt, was Julliard jedoch nicht großartig zu schockieren schien; er zuckte nur die Achseln. »Was soll's, es steht ja nichts Bösartiges drin, es ist einfach nur dämlich, weiter nichts!« sagte dieser ansonsten sehr charmante Mann zu mir, der noch Französisch konnte, was heutzutage in Verlagen auf allen Ebenen recht selten geworden ist. Nun ja, wenn Dummheit kein Makel mehr war, hatte ich dem nichts weiter hinzuzufügen ...

Doch trotz allem – welch ein unglaubliches Glücksgefühl, gedruckt zu werden! Natürlich schickte mir der Zufall auch ein paar trübe Momente, wie zum Beispiel den, als ich mich eines Tages im Bus einer Dame gegenübersetzte, die scheinbar tief in die Lektüre eines Buches versunken war. Als ich auf der hinteren Umschlagseite mein Mausgesicht entdeckte, war ich natürlich stolz wie ein König. Diese wunderbare Frau las mein Buch mit jener Aufmerksamkeit, die ich mir von all meinen Lesern erhoffte. Doch leider sah ich wenig später, wie sie gähnte und mein Werk in den dunklen Tiefen ihrer Tasche versenkte. Gebrochenen Herzens stieg ich an der nächsten Haltestelle aus.

Zur Zeit meines literarischen Debüts schrieben die einflußreichen Kritiker in Frankreich – Émile Henriot, Robert Kemp, André Rousseaux und Robert Kanters – ihren »Aufsatz« über ein Buch, ohne dabei etwas über sich selbst zu sagen. Man wußte nicht, in welcher Stimmung und unter welchen Umständen sie es gelesen hatten, sondern nur, was sie objektiv davon hielten. Sie beschrieben die Handlung, die Figuren, die Botschaft und den Stil des

Buches. *Bonjour Tristesse* war in ihren Augen ein außergewöhnlich unterhaltsamer, lebendiger und gut geschriebener Roman und enthielt sogar eine Schilderung der aktuellen Gesellschaft, die sie erzittern ließ, sie aber dennoch faszinierte.

Die Geschichte spielt in einem Ferienhaus in Südfrankreich, wo Cécile, die Hauptfigur, zum erstenmal einen Monat mit ihrem Vater verbringt. Ihre Mutter ist seit langem tot, und sie kommt gerade aus dem Kloster, was sie jedoch nicht besonders geprägt hat, um es einmal vorsichtig auszudrücken. Nun entdeckt sie das Leben. Ihr Vater hat eine jüngere Geliebte in die Villa mitgebracht, mit der Cécile sich gut versteht, doch eines Tages taucht Anne auf, eine ältere, gebildetere und anspruchsvollere Frau, die ihre unbeschwerten Ferien stört. Schließlich verliebt sich ihr Vater in Anne und will sie heiraten. Aus Angst, auf ihre Flirts und ihren ausschweifenden Lebenswandel verzichten zu müssen, unternimmt Cécile alles, um diese Beziehung zu zerstören, und treibt Anne so zur Verzweiflung, daß diese sich in einer Kurve mit dem Auto in den Abgrund stürzt. Hierbei stirbt auch das ruhiges Gewissen von

Cécile, die nun endlich jenes unbekannte Gefühl verspürt, von dem sie am Beginn der Geschichte spricht: die Traurigkeit.

Der Stil

Anmerkung: Natürlich habe ich die Kritiken aus der Zeit nicht mehr; die wörtliche Rede soll nur den Ton oder die allgemeine Richtung wiedergeben, an die ich mich erinnere.

»Das Talent funkelt einem von der ersten Seite an entgegen«, verkündete François Mauriac wörtlich auf dem Titelblatt des *Figaro*, womit *Bonjour Tristesse* augenblicklich lanciert war. »Dieses Buch« besaß, den weiter oben genannten Kritikern zufolge, »all die Unbeschwertheit und Kühnheit der Jugend, aber ohne auch nur eine Spur ihrer Vulgarität. Ganz offensichtlich ist Mademoiselle Sagan in keiner Weise für den Trubel verantwortlich, den sie verursacht hat, und sofern uns ihr zweites Buch nicht Lügen straft, kann man wohl sagen, daß wir es hier mit einer neuen Schriftstellerin zu tun haben.«

So ungefähr klangen die Kommentare der ernstzunehmenden Kritiker zu *Bonjour Tristesse*, und ich glaube, mehr kann man dazu nicht sagen, außer daß sich die junge Generation seltsamerweise noch immer dafür begeistert. Ich habe nie darüber nachgedacht, ob meine Bücher modern, zeitgemäß oder langlebig sind. Aber es ist schon ein schönes Gefühl, über so lange Zeit immer wieder auf liebenswürdige Menschen in den Straßen und Bistros zu treffen. Oft, sehr oft, halten mich Leute an und sagen mir: »Ich mag Sie. Ich habe zwar nie etwas von Ihnen gelesen, aber Sie gefallen mir, wirklich.« Und jedesmal freue ich mich wieder darüber. Ich frage mich schon seit langem, ob diese Zuneigung nicht in erster Linie damit zusammenhängt, daß ich immer nur sehr wenig über meine Bücher rede, vor allem im Fernsehen, wo meine hektische Sprechweise alle Kommentare unverständlich und unzusammenhängend erscheinen läßt. Es wird meistens schnell klar, daß ich kein Theater spiele und keine Märchen über mich erzähle, und manchmal auch, daß mich die ganze Sache langweilt. Jedenfalls verstehe ich, was die Leute vom Fernsehen meinen, wenn sie von meinem »Sympathiekapital« sprechen (interessant übri-

22

gens, daß im Bereich der Kommunikation immer wieder Begriffe aus der Wirtschaft wie »Kapital«, »Ertrag« und »Bilanz« verwendet werden).

Das soll genügen zu *Bonjour Tristesse*. Wenn man mich darauf anspricht, lache ich nervös und wechsele das Thema. Damals lautete die zentrale Frage: »Betrügerin oder nicht?«, und ich erinnere mich kaum noch an die Sagan der Medien aus jener Zeit. Jedenfalls führte diese Lawine, die mich von Anfang an überrollte, bei mir zu einem gewissen Überdruß gegenüber mir selbst und der Presse. Seither sehe ich mich nicht mehr darin, was mich sehr erleichtert. Gehen wir also weiter zu *Ein gewisses Lächeln*, das mich endgültig berühmt machte.

Ein gewisses Lächeln

»Wieder einmal bringt uns Mademoiselle Sagan aus der Fassung. Natürlich haben wir ungeduldig – und viele mit dem Gewehr im Anschlag – auf den Nachfolger von *Bonjour Tristesse* gewartet, doch die meisten Gewehre haben sich vor diesem schlichten Buch gesenkt, das ebenfalls einfühlsam, aber näher am alltäglichen Leben ist als *Bonjour Tristesse*. Erstaunlicherweise vermittelt *Ein gewisses Lächeln* eine Naivität und Verletzlichkeit, die sein Vorgänger nicht erhoffen ließ. Hier und da spürt man eine Sentimentalität, eine rührende, hartnäckige Suche nach der großen Liebe, bis zu jenem Morgen, an dem die Heldin zu den Klängen von Mozart aufwacht, die ihr den Lebensmut zurückgeben. Was sie mit den Worten schildert: ›Ich war eine Frau, die einen Mann geliebt hatte. Eine simple Geschichte und kein Grund, sich aufzuspielen.‹ Trotz der

Sitten, die sie beschreibt und die keinesfalls auf eine ganze Generation übertragen werden können, hat dieses Buch eine gewisse wohltuende Zärtlichkeit. Der Stil ist rasant, aber gepflegt, wenn auch vielleicht nicht ganz so wirkungsvoll wie in *Bonjour Tristesse*, da Mademoiselle Sagan zu schnell schreibt. Ihre Figuren sind leider überaus flach, bleiben aber aufgrund ihrer Natürlichkeit und der treffenden Dialoge dennoch im Gedächtnis.«

Ich zitiere hier natürlich nur die wohlwollendsten Besprechungen, die mir in Erinnerung geblieben sind (bin ich schon so früh dem Narzißmus verfallen?). Es gab oft auch vernichtende Kritiken, doch da versagt wie durch Zufall mein Gedächtnis. Meine vier Mentoren aus der damaligen Zeit, Kemp, Henriot, Kanters und Rousseaux, die *Le Figaro*, *Le Monde* und *Les Nouvelles Littératures* vertraten, verteidigten mich fast automatisch, weil die anderen so über mich herfielen. Diese allmächtigen Kritiker würden heutzutage als konformistisch, prüde und spießig gelten, aber ihre Besprechungen waren sehr hilfreich für die Autoren. Sie gaben einem Sicherheit und gelegentlich auch neue Erkenntnisse über den eigenen

Stil, über die Wirkung, die das Buch beim Leser hervorrief, über eventuelle Schwächen, eine mißlungene Figur usw. Außerdem war ihnen die Objektivität wichtiger als Vetternwirtschaft oder Selbstbeweihräucherung. Kurzum, diese Kritiker lasen die Bücher und beschrieben sie so, daß die Leute wußten, was sie erwartete, und daß man als Autor ihr Urteil ernst nahm. Seltsamerweise hatten diese Herren, obwohl sie dreißig oder vierzig Jahre älter waren als ich, die gleichen Maßstäbe: jene tyrannische Liebe zur Literatur und den Widerwillen gegenüber dem Mißbrauch, der schon damals mit ihr getrieben wurde.

Man erklärte mich also zur leiblichen Mutter meiner beiden Bücher. Ja, die schauerlich skandalösen Liebesgeschichten, die gelegentlichen erotischen Anspielungen usw. stammten tatsächlich von mir. In anderen Zeitungen wurden noch ganz andere Dinge behauptet, aber ich muß gestehen, daß mir das vollkommen gleichgültig war. Ich hatte jede Menge Freunde, echte und falsche (ein paar davon sind immer noch übrig), und ich hatte einen mir bis dahin unbekannten Süden entdeckt, den von Saint-Tropez, das damals noch völlig verlassen war und nur zwei Restaurants besaß, einen Trödelladen, eine Imbißstube, eine Bäckerei und das Hôtel de La Ponche, das drei Zimmer und einen wundervollen Ausblick auf den Fischerhafen bot. Der Rest des Dorfes gehörte uns. Was waren wir dort glücklich! Es tut so gut, sich daran zu erinnern ... Während dieser Zeit und quasi als gefühlsmäßiger Kontrapunkt zu unserer Unbeschwertheit begann mit *Ein gewisses Lächeln* jene lange Folge von Überschneidungen, die ich später noch erklären werde. Literatur und Leben begannen sich zu vermischen. Nach diesem Buch zum Beispiel begegnete ich Guy Schoeller, einem Verleger, der nicht nur Humor besaß, sondern auch »graue Augen hatte und müde, fast traurig aussah«. Und damals dachte ich nicht daran, mich davor in acht zu nehmen.

Es gab keinen Grund, sich aufzuspielen, aber ich tat es trotzdem, sechs Monate später beim Erscheinen des Buches, und zwar wegen des Mannes mit den traurigen Augen.

In einem Monat,
in einem Jahr

Um gewisse Entwicklungen zu erklären, bin ich gezwungen, auf mein Privatleben zurückzugreifen, was ich normalerweise unbedingt vermeide. Doch bei einigen meiner Bücher ist es unvermeidlich, und ganz besonders bei *In einem Monat, in einem Jahr*, dem dritten aus der endlosen Liste meiner Werke. Über Guy Schoeller möchte ich nicht mehr viel sagen. Ich werde auch nicht mehr auf *Ein gewisses Lächeln* zurückkommen, doch unser Zusammentreffen war in mancherlei Hinsicht wie ein Cello im Hintergrund meines Lebens, das er, ohne es eigentlich zu wissen, ausschließlich und ausgiebig dirigierte. Um dem zu entfliehen, flüchtete ich mich nach Milly-la-Forêt in eine wunderschöne Mühle, die Christian Dior vermietete, und verbrachte dort einen Winter mit meiner besten Schul- und Jugendfreundin Véronique. Ein paar vereinzelte Leute kamen uns besuchen, was aber nicht einfach war, da es kein Benzin gab. Eines schönen Morgens verließ ich trällernd meine schöne Mühle, um mich mit Jules Dassin und Melina Mercouri zu treffen, mit denen ich zum Mittagessen verabredet war, und auf dem Rückweg verlor ich in einer Senke, die seither etwa ein Dutzend Menschen getötet hat, die Kontrolle über meinen Wagen, der die gegenüberliegende Böschung hinunterschoß, wobei meine Passagiere glücklicherweise hinausgeschleudert wurden, ich mir jedoch beinahe den Hals brach. Jules Dassin hinter mir hielt an, kam zu mir gerannt, und während Melina völlig aufgelöst über die Felder lief und Hades, den Gott der Unterwelt, anrief, versuchte er, mich mit Mund-zu-Mund-Beatmung wiederzubeleben. Ich bin die einzige Frau, die Jules Dassin, der verführerische Dassin, eine gute halbe Stunde lang unter den Augen von Melina geküßt hat. Aber leider war ich bewußtlos ...

Dies war mein erster Tod. Man gab mir die letzte Ölung (die Engel rückten schon ein Stück zur Seite ...) brachte mich, zur Verzweiflung meines Bruders, der in halsbrecherischem Tempo vor dem Krankenwagen herfuhr, sterbend zurück nach Paris. Ich liebte meinen Bruder. Wir hatten fast drei Jahre lang zusammen in einer Erdgeschoßwohnung in der Rue de Grenelle gewohnt, direkt neben der russischen Botschaft, deren überaus reizende Wachleute sich förmlich überstürzten, um uns zu helfen, unsere verrückten alten Kisten ein Stück die Straße hinunterzuschieben, damit der Botschafter nicht jede Nacht vom Ge-dröhn unserer Motoren geweckt wurde. Denn wir fuhren oft in den frühen Morgenstunden unsere Schätzchen – unter anderem einen et-was klapprigen Gordini-Rennwagen – auf der Autobahn spazieren, wo der Wind und das Gerüttel denjenigen von uns wieder aufmun-terte, der es gerade brauchte. Diese kurzen Jahre gehören zu den glücklichsten meines Le-bens, und obwohl mich mein Bruder mittler-weile verlassen hat, muß ich lachen, wenn ich an unsere Behausung denke, die aus einer überflüssigen Küche, einem Wohnzimmer mit Klavier und einem Sofa mit Leopardenmuster und, im ersten Stock, zwei Schlafzimmern mit jeweils eigenem Bad bestand. Vielleicht war er der Grund, daß ich mich im Krankenwagen doch zu leben entschloß und sich mein Herz nach einem kurzen Stillstand wieder in Marsch setzte. In Paris warteten eine Menge Leute auf mich, unter anderen ein Chirurg namens Lebeau, der sich weigerte, mich zu operieren, und mir damit das Leben rettete.

Einen Monat später tauchte zwischen den Visiten Guy Schoeller in der Klinik auf. Nach zwei Jahren gefühlsmäßiger Achterbahnfahrt und einem Monat intensiven Nachdenkens hielt er trotz der Bandagen und Blutergüsse um meine Hand an. Ich gewährte sie ihm für über ein Jahr, während dem wir verheiratet blieben, er erstaunt über mich, ich fasziniert von ihm, beide glücklich, aber auch unglücklich miteinander. Doch ich hatte so sehr Angst, ihm zu mißfallen, daß ich nicht mehr lachen und nicht mehr schreiben konnte. Und da ich auch anderen gefiel, geschah, was geschehen mußte. Eines Abends, als ich zum Essen nach Hause kam, schnappte ich mir meinen Hund Youki, eine Reisetasche und einen Morgenmantel, murmelte ein paar unverständliche Sätze und verschwand ohne weitere Erklärungen. Im Café de Flore traf ich mich mit demjenigen, der dort auch oft tagsüber auf mich wartete, und dann fuhren wir zusammen in den Süden: Jean-Paul, Youki und ich. Das Mittelmeer war Balsam für wunde Herzen.

Dies alles als Erklärung für den mickrigen Text von *In einem Monat, in einem Jahr*, der 185 Seiten und ein Dutzend Hauptfiguren aufweist. Ursprünglich waren es noch zwanzig Seiten mehr, aber die waren zum Fenster des Hôtel Lutetia am Boulevard Raspail hinausgeflattert, und natürlich hätte ich sie neu schreiben und am Montag bei Julliard abgeben sollen, wo die Druckpressen bereits stampften, doch leider war dies der Sonntag, an dem die Dassins zum Mittagessen kamen ...

Und so kam *In einem Monat, in einem Jahr* recht mager heraus, wie ein zu früh geborenes Kind, und es wirkte auch genauso schwächlich. Die Kritiker stürzten sich förmlich darauf: »Das ist ja nicht mehr als ein Entwurf! Madame Sagan scheint die Klarheit und Prägnanz ihres Stils verloren zu haben, die den Charme ihrer Romane ausmachten. Kaum ist das Interesse für eine Figur geweckt, verschwindet sie in der Versenkung, und es taucht eine neue auf, die einem nicht im Gedächtnis bleibt«, usw. Dennoch wurden innerhalb von zwei Tagen mehr als zweihunderttausend Exemplare verkauft, da die Leute meinten, es sei mein letztes Buch. Die Journalisten schrieben meinen Nachruf, in dem sie mein viel zu kurzes Leben beklagten.

Ich möchte noch hinzufügen, daß die Kritiker und diejenigen von meiner Leserschaft, die sich über dieses Buch ereiferten, zweifelsohne recht hatten. Jemand sagte mir, um mich zu trösten, daß es Sartre gut gefallen habe, was mir sehr half. (Schon damals empfand ich große Bewunderung und eine gewisse Zuneigung für ihn.) Wir hatten in dem Jahr das gleiche Stundenhotel in der Rue Bréa frequentiert und uns, wenn wir einander dort begegneten, würdevoll zugenickt. Eines Abends, während eines Essens mit Guy, Sartre und Simone de Beauvoir, sagte letztere zu uns: »Stellen Sie sich vor, Sartre arbeitet jeden Tag bei seiner Mutter, er gönnt sich nicht mal einen Tag Pause, um sich zu entspannen.« Für mich, die ich ihn am gleichen Nachmittag ja nun gerade an einem Ort der Entspannung getroffen hatte, war die Situation komisch. Ich warf ihr ein verständnisvolles Lächeln zu, ihm ein leicht vorwurfsvolles und tauchte unter den Tisch, um meine

Serviette aufzuheben. Sartre und ich erwähnten diese Sache nie wieder, nicht einmal unter vier Augen.

Wenn ich hier so freizügig aus meinem Privatleben berichte, dann nicht deshalb, weil ich beispielsweise diese Anekdote so hinreißend finde, sondern weil sie ein wenig das Durcheinander um *In einem Monat, in einem Jahr* und meine mangelnde Sorgfalt bei der Durchsicht des Manuskripts erklärt. Für eine Entschuldigung ist es nie zu spät, wird man mir vielleicht sagen, und das ist auch ganz richtig. Für mich ist dieses Buch so etwas wie das häßliche kleine Entlein aus dem Märchen, es gehört zu denen, die mich am meisten unterhalten haben. Es steckt voller moralinsaurer Sätze wie zum Beispiel: »Jene schreckliche moralische Gesundheit, die einem der Ehrgeiz verleiht.« Oder: »Das Ehepaar Maligrasse liebte die Jugend und brachte ihr ein Interesse entgegen, das es immer wieder gern in die Tat umsetzte, da die Begeisterung für die Jugend stets mit einer gewissen Vorliebe für frisches Fleisch einhergeht.« Woher nahm ich damals bloß diese Ausdrucksweise einer zynischen alten Frau? Das frage ich mich heute noch. Doch

diese klar umrissenen Maximen und diese auf-
gesetzte, mit Weisheit vermischte Kühnheit
machen mir große Freude; ich will gern glauben, daß ein Autor um so belehrender klingt,
je turbulenter sein Leben verläuft.

Die ernstzunehmenden Kritiker – Rousseaux,
Henriot, Kemp und Kanters – reagierten, ob
sie mich nun mochten oder nicht, mit ge-
wohnter Objektivität: »Mademoiselle Sagan
führt uns (zwischen Paris und diversen Gegen-
den in der Provinz) eine Reihe von Helden und
Heldinnen vor, deren Beziehungen zueinander
in einem knappen Dutzend Kapiteln von je
etwa fünfzehn Seiten dargestellt werden. Bei
nur 185 Seiten ist es praktisch unmöglich, sich
zurechtzufinden, und das genügt, um aus diesem Buch ein unzusammenhängendes Gewirr
zu machen. Nicht daß die Figuren nichts-
sagend wären, sie haben einfach keine Zeit,
Konturen zu gewinnen. Dafür hätte es fünf-
hundert Seiten gebraucht.

Selbstverständlich wünschen wir Mademoiselle Sagan, daß sie sich wieder erholt, doch
wird sie als Autorin zu uns zurückkehren oder
als Sternchen der Literatur? Die Frage ist berechtigt. Sie hat zwei interessante und ge-

legentlich anrührende Romane geschrieben, in einem ganz eigenen Stil, und wir haben an ein Wunder geglaubt. Dieser dritte Versuch macht uns Sorgen. *In einem Monat, in einem Jahr ...* Wie, so fragen wir uns, wird sie der Oberflächlichkeit entrinnen?«

In den Zeitungen stand überall dasselbe. Also beschloß ich, nur noch die wohlwollenden Kritiken zu lesen, doch das gestaltete sich etwas schwierig. Bei meiner Neugier und ihrer Seltenheit war es sogar vollkommen unmöglich. Dennoch sagte mir etwas in den früheren Kritiken und in den Briefen der Leser, daß ich eine Schriftstellerin war, und zwar eine echte. Und vor allem war da dieses unbeschreibliche, gewaltige und unwiderstehliche Glück, zu schreiben und gelesen zu werden, und das konnte mir niemand wegnehmen!

Die Gespräche mit meinem damaligen Mann und seine Unterstützung halfen mir sehr. Immerhin war er Verleger, aber versuchte nie, mich zu beeinflussen. Zumindest nicht in Saint-Tropez, wo wir uns, da wir beide mit einem neuen Partner gekommen waren, heimlich an verschwiegenen Orten trafen, die uns Freunde kopfschüttelnd zur Verfügung stellten. Innenhöfe, kleine Seitenstraßen, Nacht-clubs und einsame Strände dienten uns als Versteck für unsere flüchtigen Umarmungen. Dabei waren wir vor dem Gesetz noch immer verheiratet, und ich betrog meinen Geliebten mit meinem Ehemann. Es kam mir vor wie ein Stück von Anouilh, nur nicht so mitreißend und eher grausam als amüsant. Auf einer Ter-rasse in Gassin, gegen Jean-Paul gelehnt, der mir gefiel, wie er überhaupt den Frauen sehr gefiel, vergaß ich Guy allmählich. Doch Saint-Tropez wurde unerträglich. Immer mehr Ge-schäfte, Bars und Stände schossen aus dem Boden, und während die Stadt im Juni noch bewohnbar war, war sie es im Juli schon nicht mehr.

Lieben Sie Brahms?

Auf einen Tip von Freunden hin fuhr ich durch die Normandie, um mir für den darauffolgenden Monat ein Haus zu mieten. Ich hatte die Wahl zwischen einem großen, heruntergekommenen Haus, einsam gelegen und von Feldern und Bäumen umrahmt, und einem gepflegten Haus am Strand, das mit allem modernen Komfort ausgestattet war. Natürlich nahm ich das erste. Am letzten Tag meines Aufenthalts habe ich es, wie ich schon zigmal erzählt habe, beim Spiel gewonnen. Ich besitze es noch immer; es ist das einzige materielle Gut, das mir auf dieser Erde gehört (außer einem siebzehn Jahre alten Mercedes), und trotz der zahllosen Hypotheken, die auf ihm lagen und noch immer liegen, hoffe ich sehr, daß es mir bis zu meinem seligen Ende erhalten bleiben wird.

Wo war ich stehengeblieben? Nach der chronologischen Liste meiner Bücher, die auf dem vierten Vorsatzblatt meines letzten Romans steht, sind wir bei *Lieben Sie Brahms?* angekommen.

Kritiken

»Madame Sagan scheint ausnahmsweise auf unsere Ermahnungen gehört zu haben. *In einem Monat, in einem Jahr* war ein einziger Wirrwarr, dessen Nachlässigkeit wir gerügt haben. *Lieben Sie Brahms?* – ganz offensichtlich hat Madame Sagan eine Schwäche für schöne Titel, genau wie wir – stellt uns gleich zu Anfang anhand einer Reihe von unvermeidlichen und geschickt komponierten Begegnungen seine Hauptfiguren vor: Paule, 39 Jahre alt – in den Augen von Madame Sagan anscheinend die Altersgrenze für amouröse Verwicklungen –, Simon, 25, ein gutaussehender junger Mann, der sich in Paule verliebt, und Roger, Paules treuloser Geliebter, der sie mit seinen ewigen Seitensprüngen und seiner Ungeniertheit immer wieder verletzt. Roger ist, nebenbei bemerkt, die am wenigsten gelungene Figur dieses Trios. Schon im ersten

Kapitel erklärt sich Madame Sagans Erfolg. Die Affäre, die sich zwischen der reifen Frau und dem jungen Mann entspinnt, ist eine Liebesgeschichte, die durchaus nichts Perverses hat, sondern im Gegenteil glaubwürdig und anrührend wirkt. Kurzum: ein überaus gelungenes Buch. Wir können Madame Sagan nur beglückwünschen und ihr weiterhin alles Gute zur Wiederherstellung wünschen (auf die viele nicht mehr zu hoffen wagten, viele andere jedoch nach dem Mißerfolg des letzten Buches insgeheim doch erhofften).«

»Die Eleganz dieses Buches beruht darauf, daß es auf drei Figuren aufgebaut ist, die einander gegenseitig verletzen, dabei aber sympathisch bleiben. Obwohl sich für Paule ihr Alter, wie bereits erwähnt, wie eine unausweichliche Katastrophe darstellt (und ihre Skrupel Madame Sagan möglicherweise veraltet erscheinen), und obwohl diese Leidenschaft einem Blitzschlag gleicht, was – genau wie Rogers Überdruß an seinen kurzfristigen Eroberungen – mittlerweile selten geworden ist, ist die Beschreibung dieser Figuren absolut klassisch und mitreißend. Mit nur wenigen Worten schildert uns Madame Sagan die Einsamkeit

der Liebe mit einer Ernsthaftigkeit und Zurückhaltung, die viele ihrer Kollegen vermissen
lassen. Wir sind begeistert.«

Der Mißerfolg von *In einem Monat, in einem
Jahr* hatte mich ein wenig aus dem Gleichge-
wicht geworfen, zumal er bei meinen Ge-
sprächspartnern einen mitleidigen Gesichtsausdruck und ein gelegentliches, hinter meinem Rücken gemurmeltes »Schade« hervorrief. Oder aber es hieß: »Ich schwöre Ihnen,
Bonjour Tristesse habe ich in einem Rutsch gelesen, aber das hier, nun ja . . . Oh, aber ich bin
sicher, daß Sie beim nächsten Buch wieder zu
Ihrer alten Form zurückfinden, irgendwann
jedenfalls . . . Andererseits kommt so etwas ja
immer wieder vor, diese Strohfeuer, die dann
einfach verlöschen . . .« Ich lächelte, ich scherz-
te, aber ich war wütend, was mich empfindlich
machte und meinen Geist lähmte.

Ich erinnere mich an einen Spätnachmittag in
Gassin, wo ich nach einer unruhigen Nacht
aufwachte, den Kopf auf dem Tisch, die Haare
vor den Augen, und im ersten Moment gar
nicht wußte, wer ich war. Ich mußte die letzte
Seite des Manuskripts immer wieder lesen, um

mich des Wortes »Ende« zu vergewissern. Ich stand auf und setzte mich auf die Schwelle. Es war niemand da, dem ich mein Glück entgegenposaunen konnte, und so betrachtete ich, um mich zu trösten, die Weinstöcke und das verlassene Spielfeld der Boule-Spieler; und in der Ferne – ganz grau, da es sein blaues Alltagskleid bereits ausgezogen hatte – das Meer. Das war es, was mir jetzt fehlte, doch es war zu weit weg, um seine heitere, gleichmäßige Klage zu hören, dieses Zischen, wie eine große Katze, die mit ihrer rauhen Zunge über den Sand leckt. Die anderen waren alle fort, ohne mich, weil ich ihnen wie ein von der Muse geküßter, aber über seine unvermeidliche Einsamkeit betrübter Blaustrumpf verkündet hatte: »Dieses herrlich kühle Wasser, das euch erwartet, ist wirklich sehr verführerisch, aber ich stehe kurz vor dem Ende. Heute abend bin ich sicher fertig.« – »Ah!« lautete die Antwort. »Es wurde aber auch langsam Zeit! Bist du ganz sicher? Ich hatte mich schon gefragt, ob du deine netten kleinen Romane in eine endlose, unverdauliche Trilogie umwandeln wolltest.« – »Nein, keine Sorge«, hatte ich pikiert geantwortet. »Ihr braucht für die Lektüre nicht mehr als anderthalb Stunden zu opfern.« Kurz-

um, ich fühlte mich mit meinem verschmäh-
ten Talent und meinen täglichen Bemühungen, meinen Lebensunterhalt und den dieser
herzlosen Egoisten zu verdienen, ziemlich einsam. Mir standen sogar Tränen in den Augen,
als ich an mein schweres Schicksal dachte, um
das mich manche Leser so beneideten. Wenn
die mich gesehen hätten, wie ich nach drei
oder sechs harten Monaten, umgeben von der
Gleichgültigkeit und dem Desinteresse meiner
engsten Freunde, das Wort »Ende« zu Papier
brachte ... Ja, es stimmt schon, »der Ruhm ist
glückstrahlende Trauer«, wie – ja, wer war es
denn noch? Madame de Staël? Chateaubriand?
– geschrieben hat.

Wie dem auch sei, im Nachhinein betrachtet, war es nicht der Ruhm, der mich störte,
sondern die Arbeit, die er erforderte; und daß
meine Freunde so gleichgültig, ja fast brutal
wirkten, lag daran, daß sie sich an mir rächen
wollten.

Kurze Zeit zuvor war ich nämlich eines Morgens gegen sieben, nachdem ich die ganze
Nacht hindurch gearbeitet hatte, durchs Haus
gegangen und hatte die Armbanduhren von
Bob, Sophie Litvak und Bernard Frank um

fünf Stunden vorgestellt; auch die Wanduhren hatte ich aufgezogen und auf Mittag gestellt. Dann war ich strahlend in ihre Zimmer gestürmt und hatte gerufen: »Aufstehen! Das Frühstück ist fertig! Es ist zwölf Uhr. Auf zum Strand!« Und dann hatte ich mir, innerlich vor Vergnügen zappelnd, ihre Kommentare angehört: »Meine Güte, bin ich müde . . .« – »Ich auch, dabei war es doch gar nicht so spät . . .« – »Komisch, der Himmel ist so weiß . . .« – »Ja, eine merkwürdige Atmosphäre . . . diese Stille . . . nicht einmal ein Hupen . . .« usw. Wir haben uns ins Auto geschwungen und sind kurz darauf den Strand hinuntergehüpft (dessen Besitzer gerade erst begann, die Liegen auf dem Sand aufzustellen). Dann habe ich mich flugs aus dem Staub gemacht, denn die Frau des Besitzers rief uns mit ihrem typischen südfranzösischen Akzent zu: »Nanu, was ist denn mit euch los? Seid ihr aus dem Bett gefallen, ihr Ärmsten? Was wollt ihr denn um diese Zeit schon hier? Das Meer ist ja noch nicht mal warm.« Bei meiner Rückkehr erwartete mich eine Gardinenpredigt über meine Albernheit, meine Unruhestifterei und meinen Hang zu Kindereien. Doch obwohl sie mir alle schmollend ihre braungebrannten Rücken zuwand-

ten, konnte ich mir das Lachen nicht verkneifen. Ich hörte sie noch: »Komisch, der Himmel
ist so weiß ...« – »Ja, eine merkwürdige Atmosphäre ...«, während diese Trottel mit dem
Finger auf ihre Armbanduhren klopften, als
seien sie schuld an ihrer Leichtgläubigkeit.

Wenn ich eben wie selbstverständlich den Namen Bernard Frank erwähnt habe – womit
natürlich der von der Literaturspalte des *Observateur* gemeint ist (davor bei *Le Monde* und
etlichen anderen Zeitungen) –, dann deshalb,
weil wir, nachdem wir uns kennengelernt hatten, quasi unzertrennlich waren. Florence hatte ihn mir im ersten Jahr nach *Bonjour Tristesse*
bei einem Empfang vorgestellt. Er war ein
struppiger junger Mann mit buschigen Brau-
en, einer schönen Stimme und schönen Hän-
den, und ausgesprochen sarkastisch gegenüber
der kleinen Sagan, der er seither, abgesehen
von einigen kleinen Liebesabenteuern (genau
wie sie) nicht mehr von der Seite gewichen ist.
Er hatte damals bereits eine beeindruckende
Geschichte der Geographie geschrieben, war mit
Sartre befreundet und erschien mir als der Intellektuelle schlechthin. Trotz unserer diversen
Häuser und Ehen waren wir immer ein Paar,

und das einzige, was uns je getrennt hat, war die vergehende Zeit. Seine Sicht wäre natürlich eine ganz andere, er würde wohl eher von seiner unendlichen Geduld sprechen und von meinen albernen kleinen Romanen (wohingegen ich seinen Büchern stets einen unbeirrbaren Respekt entgegengebracht habe, ohne mich auch nur im geringsten zwingen zu müssen). Glücklich und ausgelassen sind Florence, Bernard und ich in meinen schönen Schlitten durch die Gegend gefahren, mal durch Paris, mal in den Süden und mal in den Schnee. Es gab so manche Unterbrechungen, doch über die sprachen wir nie, denn jedesmal, wenn wir uns danach wiedertrafen, war es, als hätten wir uns erst gestern gesehen; wir blieben immer die gleichen, alle geschieden, drei seltsame Schnecken, die sich auf ewig an denselben Literaturfelsen geklammert hatten.

Da ich gerade bei der Freundschaft bin: 1954/55 lernte ich Jacques Chazot kennen, den Tänzer und zugleich komischsten Mann von ganz Paris. Bis zu seinem Tode waren wir unzertrennlich, wir haben uns sehr gern gehabt und viel zusammen gelacht. Aber ich kann nicht lange über ihn sprechen. Es ist schon schwierig genug, über seine lebenden Freunde zu sprechen, aus Gründen der Diskretion, aber bei verstorbenen Freunden ist es noch zehnmal schwieriger, und es erscheint mir noch zehnmal indiskreter. Manchmal sage ich mir im stillen: »Das hätte X gefallen!« oder »Wie hätte Y darüber gelacht!« Ich glaube weder an das ewige Leben noch an Reinkarnation, ich bin seit meinem vierzehnten Lebensjahr Atheistin, aber ich kann auch nicht glauben, daß ich sie niemals wiedersehen werde; denn die Erinnerungen springen einem ohne Vorwarnung an die Gurgel, und dann steht man mit geschlossenen Augen vor einer Mauer und murmelt einen Namen. Welchen grausamen und kalten Gott kann man dafür zur Verantwortung ziehen?

DIE WUNDERBAREN WOLKEN

Nun, da ich also wieder versöhnt war mit einem Publikum, von dem ich gar nicht gewußt hatte, daß es mir böse gewesen war, da ich die ganze Zeit über (und auch noch heute) von den unterschiedlichsten Lesern auf der Straße angesprochen wurde und werde – Studenten, Geschäftsleuten und alten Damen, die mich ihrer Zuneigung versicherten (»Schreiben Sie weiter! Wir halten zu Ihnen!«) –, war der Mißerfolg von *In einem Monat, in einem Jahr* nicht allzu niederschmetternd. *Lieben Sie Brahms?* und seine Kritiken bereiteten mir große Freude.

In der Zwischenzeit hatte ich ein Buch über die Eifersucht und über Florida geschrieben. Ich erinnere mich nicht mehr an die Kritiken, die dazu erschienen sind; ein sicheres Zeichen, daß sie nicht gut gewesen sein können. Ich habe das Buch vorgestern wiedergelesen und muß zugeben, daß die Kritiker nicht unrecht hatten. Eifersucht und Nachsicht sind darin mit groben Strichen gezeichnet, die Figuren wirken vollkommen unnatürlich. Und obendrein ist das Ganze noch ziemlich langweilig; kurz gesagt, ein schlechter Roman, dessen ich mich beim erneuten Lesen geschämt habe. Reden wir nicht mehr davon! Allerdings zogen *Die wunderbaren Wolken*, wenn ich mich recht entsinne, ohne allzu viele Angriffe vorüber. Die Journalisten der verschiedensten Blätter hatten, wenn auch unter Qualen, zugegeben, daß ich nicht nur das Ergebnis einer Werbekampagne war, sondern eine ernstzunehmende Schriftstellerin. Wenn sie mich weiterhin von oben herab behandelten oder zu sehr angriffen, ließ die Reaktion der Leser nicht lange auf sich warten: Empörte Briefe trafen dann bei mir ein, und vermutlich auch in den Redaktionen. Ich hatte bereits eine kleine Gefolgschaft hinter mir, was mich einerseits beruhigte, mir andererseits aber auch ein bis dahin nie gekanntes Schuldgefühl einflößte, da ich es nicht schaffte, auf die Briefe zu antworten, die oft charmant und intelligent, manchmal auch naiv, aber immer herzlich waren. Abends im Bett überlegte ich mir Antworten, doch am nächsten Morgen packte mich sofort der Strudel des Alltags. Ich legte die bezauberndsten und interessantesten Briefe beiseite, doch am nächsten Tag fand ich sie nicht wieder. Falls mir einige der Briefeschreiber mein Schweigen übelnehmen, so möchte ich sie hiermit wissen lassen, daß es keine böse Absicht war.

Mittlerweile war natürlich der Fiskus auf mich aufmerksam geworden, und ich zahlte brav meine Steuern, beziehungsweise überließ es meinen Bankberatern und Verlegern, das für mich zu erledigen, ohne je irgendwelche Diskussionen anzufangen, was sicher ihr Gewissen als Steuerzahler beruhigte. Und so kam es, daß ich zwar Monat für Monat, abhängig von meinen Auflagen in Frankreich und im Ausland, eine recht ordentliche Summe bekam, aber nie mehr in der Lage war (obwohl mich die Lust öfters packte), mir ein Haus zu kaufen. Das Schicksal hatte anderes entschieden. Ich wurde zu einer leidenschaftlichen Mieterin und Umzieherin und verfaßte sogar zwanzig Jahre später ein Gedicht zu Ehren der »gemieteten Häuser« für *Egoïste*.

In seinen gemieteten Häusern
Hinterläßt man
Zwei, drei Jahre seines Lebens
Und einen Hauch seiner Stimme . . .

Falls jemand bisher noch nicht das Glück hatte, sie kennenzulernen: *Egoïste* ist die ästhetischste, abwechslungsreichste und unabhängigste Zeitschrift unserer Epoche. Die Tatsache, daß ihre Chefredakteurin, Nicole Wisniak, eine meiner besten Freundinnen ist, und einer der geistreichsten, verrücktesten und obendrein noch mutigsten Menschen, die ich kenne, beeinflußt mein Urteil in keiner Weise. Sagen wir einfach nur, daß sie die einzige Leiterin einer Zeitschrift ist, die mich einen Artikel viermal hat neu schreiben lassen, und ihre Strenge war berechtigt.

Sie war übrigens nicht die einzige, die meine Arbeiten korrigierte; es gab einen zweiten Korrektor, der ebenso unnachgiebig war. Ich spreche von Philippe Grumbach, der den – vermutlich dank seiner Bemühungen – brillanten *Express* leitete und den ich anrief, als mir die OAS* eine Plastikbombe ins Haus meiner Eltern schickte. Mein Bericht erstaunte ihn ebensowenig wie meinen Vater, der gleichmü-

---

* Organisation de l'Armée Secrète – extrem-nationalistische Untergrundbewegung der französischen Siedler und Offiziere in Algerien (Anm. d. Übs.)

tig Zeuge dieses Attentats war. Ich hatte kein Talent für das Drama, da meine Ausdrucksweise das Ganze völlig verworren erscheinen ließ. Doch ihre Kommentare beruhigten mich.

Ich sage es jetzt gleich und werde dann nie wieder davon sprechen: Mein größter Traum war es immer, Gedichte zu schreiben, und zwar an einem mir wohlvertrauten Ort (im Département Lot, in Paris oder in der Normandie), wo mich niemand von jenem erhebenden, bei mir jedoch allzu widerspenstigen inneren Drang ablenkt, jenem Drang, der einzig und allein den Sinnen, der instinktiven Erinnerung und der Harmonie entspringt – kurz: dem lyrischen Echo. »Lyrik«, hat Valéry, glaube ich, gesagt (ich bin mir sogar sicher, daß er es war), »ist die Entwicklung eines Ausrufs.« Auch wenn ich mit zwanzig oder dreißig bereits ein zynisches und desillusioniertes Gesicht hatte (meinte ich zumindest), wurde ich es doch nicht müde, Ausrufe zu zahllosen Themen von mir zu geben. Auf dem Gras einer Wiese zu liegen, oder am Kaminfeuer, und aus meinem Kugelschreiber einen Schwall von Wörtern entspringen zu lassen, die auf wundersame Weise miteinander harmonieren, sich zum ersten und einzigen Mal in ihrem Leben ergänzen ... Oder Rimbaud wiederlesen:

Und seitdem hab ich gebadet im
Meergedichte ...

Ich war überzeugt, daß ich, wenn mich der Alltag nur mal ein halbes Jahr in Ruhe ließe, durchaus ein oder zwei akzeptable – sprich: exzessive, maßlose – Gedichte zustande brächte. Lange Zeit habe ich die Dichter um ihre Fähigkeit beneidet, ihre Poesie zu leben und die unerhörtesten Schreie der Liebe und des Hasses in die Öffentlichkeit hinauszuschleudern. Ebenso beneidete ich Éluard und Aragon um ihre bildliche Vorstellungskraft und ihren Wortschatz. Heutzutage vor allem Aragon, wegen seiner erstaunlichen Fähigkeit, mit den banalsten, alltäglichsten Worten die herzzerreißendsten Gedichte zu verfassen:

Es fehlte nur
ein einziger Moment
bis zum Tod,
doch da näherte sich
eine Hand
und nahm die meine.

Oder Éluard:

Über diesen zerrütteten Himmel, diese
*   Süßwasserfenster,*
Welch Antlitz wird kommen, tieftönende
*   Muschel,*
Zu künden, daß die Liebesnacht an den Tag
*   rührt,*
Offener Mund, dem geschlossenen Mund
*   vereint.*

Natürlich dichten nicht nur die Dichter, doch die wenigen Romanciers, die sich von der schwierigsten und anspruchsvollsten, von der treffendsten und offensten Form der französischen Sprache haben verführen lassen, wissen, daß sie eines Tages ihrem Verleger noch Geld draufzahlen müssen. Nur Prévert hat es vor über dreißig Jahren geschafft, das Dichterleben im wörtlichen Sinne zu erleichtern und zu bereichern.

Nichtsdestoweniger brachten mir seine *Paroles* Ärger ein. Als ich in einem eleganten Pariser Kloster ein Gedicht von Prévert rezitierte, warf man mich hinaus. Allerdings muß ich zugeben, daß es nicht von besonders gutem Ge-

schmack zeugte, in einem Gotteshaus die folgenden Worte zu zitieren:

Vater unser, der du bist im Himmel, bleib
    ruhig dort;
Wir bleiben auf der Erde, bisweilen ein so
    schöner Ort.

Die Erde ist immer schön, auch wenn sie miß-
handelt wird und anscheinend von ihren Be-
wohnern zum Tode verurteilt worden ist.

Ein paar Jahrhunderte zuvor sprach man
voller Furcht von der Erde, man fürchtete ihre
gefährlichen und mächtigen Wasser, man
fürchtete die kalten Winternächte, man fürchtete ihr Grollen, die gewaltigen Entfernungen,
die erbarmungslosen, manchmal glutheißen
Sommer und ihre unberechenbaren Krankhei-
ten – die Pest, die Cholera und Gott weiß was
sonst noch alles –, die den Menschen immer
wieder ihre Schwäche vor Augen führten. All
das ist längst vorbei, die Erde ist nahezu be-
zwungen, ihre Luft ist verschmutzt, ihre natür-
lichen Schutzfunktionen irreparabel beschä-
digt, und überall auf diesem Planeten lauert
der Tod durch Explosion und Vergiftung. Das
schmerzt mich sehr für unsere Nachkommen

– die neuen Äste an unseren Stammbäumen –, für all diejenigen, die ihren wohlwollenden Zauber nie kennenlernen werden. Sogar Paris, das wundervolle Paris ist plötzlich von Luft durchwabert, die einen zum Husten bringt und einem die Augen reizt, kurz: die alle flüchten läßt, die diese Stadt einst liebten. Übrigens fällt mir auf, daß alle erfolgreichen Bücher im Imperfekt geschrieben sind, in der Vergangenheit spielen. Und bis jetzt gibt es keinen einzigen Liebesroman, in dem Aids die wichtige Stellung zugewiesen wird, die ihm zukommt.

Gerade habe ich diese Seiten über die Erde, Paris, die Umweltverschmutzung usw. noch einmal durchgelesen, und mir fällt wieder einmal auf, daß mir solche allgemeinen Themen nicht liegen. Ich mische mich mit meinem schwachen Stimmchen in den mächtigen, kämpferischen Chor der Umweltschützer – junge und vernünftige Leute –, doch meine Stimme hat, ich weiß nicht, warum, nie sehr überzeugend geklungen, zumindest nicht im Zusammenklang mit anderen. Dabei habe ich das »Manifest der 121«* unterschrieben und

---

* Protestschrift gegen den Krieg in Algerien (Anm. d. Übs)

eine Bombe von der OAS bekommen; ich habe den Frauen, die abgetrieben haben, meine Unterschrift gegeben und dann meinen Namen unter einer beängstigend dicken Schlagzeile auf dem *Nouvel Observateur* wiedergefunden – »Frauen, euer Bauch gehört euch!« Also, ich schwöre, wenn ich gewußt hätte, in welcher Weise mein Engagement verwertet werden würde, hätte ich nie unterschrieben. Meine Mutter hat danach übrigens zehn Tage lang kein Wort mit mir gesprochen – nicht, weil ich ihr das x-te Enkelkind verweigerte, sondern weil ich zugelassen hatte, daß eine Zeitschrift, egal welche, etwas über meinen Bauch schrieb.

Wie dem auch sei, ich habe getan, was ich konnte, was ich für richtig hielt, und dieses eine Mal hätte ich mich wirklich gern im Fernsehen geäußert, da ich mich immer ganz vorzüglich ausdrücken konnte, wenn ich wütend war. Andererseits – bin ich mir da wirklich sicher? Auf einmal erscheint mir alles unsicher, sowohl in bezug auf die anderen wie auch auf mich selbst. Jedesmal wenn ich dieses Projekt (an dem sich vor mir anscheinend noch nie jemand versucht hat) in die Hand nehme, frage ich mich, ob es dafür nicht einen guten Grund gibt. Ich frage mich, ob diese Ausflüge in das unsichere Terrain meiner Prosa (zwischen Verabredungen – während derer ich an dieses Buch denke –, zwischen Gesprächen – während derer ich an dieses Buch denke –, zwischen Dialogen – während derer ...) dazu dienen, mich meiner schriftstellerischen Fähigkeiten und der positiven Reaktion des Publikums zu versichern, oder ob sie nur der schlichten Lust am Schreiben entspringen. Und ich muß zugeben, daß ich Ihnen, liebe Leser und Freunde, liebe Mitbürgerinnen und Mitbürger, mit einer Erleichterung und einem Glück schreibe, die vollkommen egoistisch sind ... Die Literatur ist eine lange und stürmische Synkope. Eines Tages werde ich aufwachen, zerstritten mit denen, die ich liebe, und im Hader mit mir selbst, aber erlöst, erleichtert, wie von einer Krankheit befreit, die mir das Blut verseuchte. Sämtliche Verheißungen der Muße sind nichts gegen dieses unbezahlbare Geschenk, dieses stets dargebotene gute Gewissen, dieses unablässig treibende Verlangen und die Freiheit, die daraus entspringt: das Vergnügen zu schreiben. Ich glaube, wenn jemand anders »das« an meiner Stelle bekommen hätte, hätte ich ihn bis zum Haß darum beneidet. Das ist auch der Grund, weshalb ich

mich so lange dafür entschuldigt und die Fah-
ne der Bescheidenheit geschwenkt habe, weil
mir immer die Ungerechtigkeit meines Glücks
bewußt war. Doch wie dem auch sei, irgendwann kommt der Moment, an dem ich langsam die Ufer des wirklichen Lebens verlasse
und auf das grenzenlose Meer der Literatur
hinausgleite.

Chamade

Zurück zum eigentlichen Thema. Sprich: zum nächsten Buch der Liste, mit dem Titel *Chamade* – »mit Trommeln gegebenes Zeichen der Kapitulation in einer belagerten Stadt«, sagt das Wörterbuch dazu, und plötzlich denke ich an die Aufgabe der Freiheit, an die Übergabe eines Geistes und eines Herzens an ein neues Gefühl, das stärker ist als der Wille. In *Chamade*, dessen Erfolg noch durch die kurz darauf gedrehte, sehr gelungene Verfilmung von Alain Cavalier gefördert wurde, ergibt sich Lucile, die Hauptfigur, zunächst dem Verlangen, ihrem eigenen Verlangen, dann der Liebe, wenn das nicht zu melodramatisch ist, und schließlich dem Luxus, der Freiheit und der Bequemlichkeit eines gehobenen Lebensstils. Doch die Kritiken wurden ernster, nicht mehr à la »Onkel Kanters«, »Onkel Kemp«, »Onkel Rousseaux« und »Onkel Henriot«, und man

fragte sich, ob *Chamade* eine traurige Liebesgeschichte war oder womöglich ein Bekenntnis
der Schriftstellerin Sagan.

»Auch wenn sie einige Sätze von Faulkner zi-
tiert, als wolle sie sich dahinter verstecken, sind
diese Sätze nicht ein Geständnis? *Ich habe begriffen, daß es die Untätigkeit ist, die all unsere
Tugenden erzeugt ... In dieser Welt bleibt uns
nur eines: die wenige Zeit, die uns gegeben ist, zu
leben, zu atmen, lebendig zu sein und es bewußt
wahrzunehmen ... Chamade* ist nicht nur die
Geschichte einer etwas feigen jungen Frau, die,
ihrem wesensgemäßen Hang folgend, den
Mann verläßt, der ihr gefällt, um allen zu gefallen; die das Leben zu zweit dem gesellschaft-
lichen Leben opfert. Es ist auch die Frucht
ihrer Hellsichtigkeit und ihres Zynismus sich
selbst gegenüber, einer Frau, die weiß, daß sie
allein ist, und es akzeptiert; allein in jener
Einsamkeit, unter der man im reifen Alter
leidet, die man jedoch mit dreißig freiwillig
erwählt. Dieses Buch ist nicht nur ein Roman,
es ist eine Feststellung, und man fragt sich, ob
hier nicht die Autorin selbst spricht. Man muß
sich schon Luciles zärtliche Liebe und Paules
Verletzlichkeit in *Lieben Sie Brahms?* ins Ge-

dächtnis rufen, um der Heldin von *Chamade* ein wenig Vertrauen und Sympathie entgegenzubringen.«

Der Film war ebenfalls ein Erfolg, da Catherine Deneuve und Michel Piccoli hervorragend zusammen spielten. Ich arbeitete, wie gewohnt, in Saint-Tropez daran, in dem Studio des Hôtel de La Ponche, das ich für den Juni gemietet hatte und in dem ich mit Jacques Chazot wohnte. Wir hatten jeder ein großes Bett, in dem wir, so lautete unsere Vereinbarung, bis zum Abendessen mit unseren Eroberungen herumlungern konnten, aber ab zehn Uhr abends waren wir wie zwei brave Internatszöglinge, Bruder und Schwester, die sich in aller Keuschheit schlafen legten. Manchmal kamen wir abends auch gleichzeitig nach Hause, und ich bog mich vor Lachen auf dem Rand der Badewanne, wenn Chazot mir von seinen Erlebnissen berichtete. Ich schaffte es kaum, mich auszuziehen und mir das Jerseynachthemd überzustreifen, das ich mir für solche Gelegenheiten in einem der wenigen Wäschegeschäfte von Saint-Tropez gekauft hatte. Die Nachmittage hingegen waren zur freien Verfügung. Ich sagte zu Chazot: »Wenn du nicht vor fünf zurückkommst, arbeite ich bis dahin mit

Alain.« Doch dank der Unterstützung der Götter und der menschlichen Triebe tauchte Chazot oft flankiert von seiner neuesten Eroberung auf, während wir noch mitten in der Arbeit steckten. Er sah zu, wie wir hastig unsere Zettel und Stifte zusammensuchten und zur Terrasse hinuntergingen, um dort vom Wind umtost weiterzumachen – ich brummelnd, Chazot voller Ungeduld –, wobei ich mir spöttische Bemerkungen ausdachte und er die passenden Antworten darauf. Unten nahmen wir dann unsere Arbeit wieder auf, Alain leicht verdutzt, ohne sich jedoch etwas anmerken zu lassen, während ich mich, gerührt über seine Freundlichkeit, bei ihm entschuldigte.

Beim Wiederlesen fällt mir auf, daß *Chamade* tatsächlich etwas Provokantes hat; es ist eine Apologie der Einsamkeit, der Vergänglichkeit und der Sinnlichkeit, die provozierend wirken kann. Ich frage mich, ob ich mich wie Lucile verhalten hätte, und ich bin mir gar nicht so sicher. Ich hätte Charles um das Geld für die Operation gebeten, aber dann wäre ich danach auch bei ihm geblieben. (Diese Art von Schulden mag ich nicht.) Aber vor allem hätte ich Antoine schon viel früher verlassen, da ich ihm nie von meinem Tag erzählen konnte, ohne ins Fettnäpfchen zu treten. Denn das ist schließlich das Besondere an der Liebe, dieser Drang, am gesamten Leben des anderen teilzuhaben und ihm das eigene zu schildern, abgewandelt oder nicht. Ich hätte das Gefühl gehabt zu ersticken; ich hätte nicht Luciles Kraft und Selbstvertrauen besessen, auch wenn ich ihr Zögern manchmal gut nachvollziehen konnte. Als ich dieses Buch schrieb, war ich dreißig, aber das war auch das einzige, was ich mit Balzacs gleichaltriger Romanheldin gemeinsam hatte. Dennoch finde ich *Chamade* reifer, tiefgehender, vielschichtiger und unterhaltsamer als seine Vorgänger.

Zwischen 1965 und 1968 habe ich offenbar nichts geschrieben. Soweit ich mich erinnere, war es eine sehr unruhige Zeit, vor allem im Privatleben, aber auch in bezug auf das Schreiben. Zu meinem großen Kummer starb Julliard am gleichen Tag, an dem mein Sohn zur Welt kam. Von da an mußte ich mich mit einem Verleger namens Nielsen herumschlagen, der die Presses de la Cité leitete und absolut kein Gefühl für Literatur hatte. Es kam zum Streit, und ich beschloß, die Werbekampagne für mein nächstes Buch zu boykottieren und keinerlei Interviews zu geben, wobei ich allerdings vergaß, daß bei jedem Buch, an dem er dreißig Franc verdiente, ich wiederum zwanzig verdiente. So verkroch ich mich also auf dem Land, und die Auflage belief sich nur auf ein Viertel meiner sonstigen Auflagen. Was mir die Macht der Presse bewiesen hätte, falls ich diesbezüglich noch Zweifel gehabt hätte.

Beim nächsten Mal werde ich nicht mehr die Kritiker meiner Anfangszeit zitieren können: Rousseaux, Henriot, Kemp und Kanters waren verschwunden, und ihre Nachfolger schienen sich in erster Linie für sich selbst zu interessieren; sie schilderten lieber detailreich ihre Reaktionen als den Inhalt des Buches. Bei diesem Handel zog ich oft den kürzeren. Ich hatte den Eindruck, daß mir meine erfahrenen, weisen alten Onkel mit ihrem bürgerlich-gebildeten gesunden Menschenverstand mehr beigebracht hatten als diese kategorischen jungen Leute, obwohl sie doch meiner eigenen Generation angehörten. Wenn man es genau nimmt, war ihre Reaktion eigentlich immer die gleiche: »Ganz nett, aber noch verbesserungswürdig. Gute Figuren, aber schlampiger

Stil«, usw. – nicht immer unberechtigt, das muß ich zugeben.

Wie komme ich denn mit einemmal auf diese »erfahrenen, weisen alten Onkel«? Ein Großonkel von mir lebte auf dem Land, mit einem zahmen Wildschwein, dem er den Cakewalk beibringen wollte. Er verbrachte sein Leben damit, durch die Causses zu streifen und drei Generationen von Frauen hinterherzulaufen. Was nicht unbedingt auf philosophische Betrachtungen schließen läßt. Was meine direkten Onkel betraf, so entdeckten sie die Weisheit erst mit über vierzig, als niemand aus der Familie mehr darauf zu hoffen wagte.

Mein Vater hatte keine Brüder, dafür aber zwei begabte und sensible Schwestern, die ich nie kennengelernt habe. Die eine beging Selbstmord, die andere starb viel zu früh. Mein Vater, der nur von Frauen großgezogen worden war, haßte die Männer und vor allem seine Schwiegersöhne, diese Aasgeier. Wenn meine Männer oder die meiner Schwester zum Essen zu ihm kamen – einzeln, wohlgemerkt – warf er ihnen verächtliche oder konsternierte Blicke zu und sprach entweder mit einer ebenso übertriebenen wie unechten Nachsicht oder, wenn er schlecht gelaunt war, mit einer so auffälligen Gereiztheit mit ihnen, daß alle fassungslos waren. Er betrachtete sie wie Flecken auf der Tischdecke, wie häusliche Mißgeschicke, die meine Mutter bemerken und von seinem Tisch hätte verbannen müssen. Da das nicht möglich war, bombardierte er meine Mutter mit rachsüchtigen, erzürnten Blicken, deren Ursache sie anfangs noch zu ergründen suchte, doch bald ließ sie sein Verhalten völlig gleichgültig. Man muß dazu sagen, daß sein eigener Vater, also mein Großvater väterlicherseits, den ich nie kennengelernt habe, genauso cholerisch war wie er. Dreißig Jahre lang hatte er zum Beispiel einen Sessel, den er besonders mochte, obwohl er kein bißchen anders war als die anderen, mit Hilfe eines Seilzugs und eines Vorhängeschlosses, dessen Schlüssel er niemals aus der Hand gab, an der Decke aufgehängt, damit er in seiner Abwesenheit nicht von jemand anders entweiht werden konnte. Frühmorgens und nach der Mittagspause zog er, bevor er zur Fabrik ging, seinen Sessel an die Decke und befestigte ihn dort mit dem Schloß. Nach seiner Rückkehr ließ er ihn dann wieder herunter, um nach Herzenslust darin zu sitzen. Wenn meine arme Großmutter unter diesem Damoklessessel nahe Freunde oder entfernte Verwandte empfing, tischte sie ihnen die verrücktesten Erklärungen auf. Nach zehn Jahren sagte sie schließlich nur noch: »Das ist Nestor ... er kommt gleich wieder ...«, als wäre es das Normalste von der Welt. Kurzum, von dieser Seite stammen meine Vorstellungen, was wahres Leben und echte Weisheit ist, ganz sicher nicht. Doch jetzt lasse ich das Thema Familie lieber fallen, bevor ich den Lesern in meinem Elan noch die schauerlichen Geheimnisse der Laubard und Quoirez, meiner unmittelbaren Vorfahren, verrate.

DER WÄCHTER DES HERZENS

Anscheinend war ich mir des manifestartigen Charakters von *Chamade*, in dem die Bequemlichkeit und die Trägheit gepriesen wurden, damals nicht allzu bewußt, denn ich brauchte drei Jahre, um mich davon zu erholen, drei Jahre, während derer ich, wie man so sagt, meine Zeit mit Nichtstun vertrödelt habe. *Chamade* erschien 1965. Und der nächste Roman 1968. Es war *Der Wächter des Herzens*, ein Buch, das ich seinem Schicksal überließ, so wie Moses in seinem Korb auf dem Nil ausgesetzt worden war. *Der Wächter des Herzens* erschien, wie schon gesagt, ohne Pressewerbung und Presseversand (was bedeutet, daß man ein- oder zweihundert Exemplare seines Werks mit einer freundlichen Widmung versieht und diese dann direkt an Kritiker und diverse einflußreiche Persönlichkeiten geschickt werden). *Der Wächter des Herzens* – ein

Buch, das ich gerade wiederentdeckt habe und das bis zum heutigen Tag gekauft wird von Leuten, die nichts von seiner Existenz geahnt haben, von Reisenden, die es am Bahnhofskiosk finden, von Jugendlichen, die es als Taschenbuch von Gibert, Livre de Poche oder in der wundervollen Gesamtausgabe von Bouquins erstehen, die mein Exmann Guy Schoeller vor kurzem herausgebracht hat. Dafür haben aber die Filmleute davon geträumt, von Simone Signoret bis zu Elizabeth Taylor, von Claude Chabrol bis zu Josef Losey, aber bedauerlicherweise hatte mein damaliger Agent die Filmrechte sofort an die Fox verkauft, und zwar mit einem völlig absurden Vertrag, demzufolge wir sie der Fox – die nach dreißig Jahren immer noch nichts daraus gemacht hat – nur für das Dreifache dessen, was sie uns gezahlt hatte, wieder hätten abkaufen können.

Es ist die Geschichte einer zärtlichen, freiheitsliebenden, aber dennoch den Männern durchaus zugeneigten Frau, die als Drehbuchautorin für Monumentalschinken in Hollywood arbeitet, eine Tätigkeit, über die sie sich selbst lustigmacht. Eines Abends, als sie mit Paul, einem angehenden Liebhaber, auf dem Weg nach Hause ist, fährt er einen ausgesprochen gut aussehenden jungen Mann an, der ohnmächtig zusammenbricht. Sie nimmt ihn mit zu sich nach Hause, wo er trotz Pauls Protest auch bleibt, ohne ihr jedoch zu nahe zu treten. Um ihn zu zerstreuen, erzählt sie ihm ihre Lebensgeschichte. Plötzlich verschwinden einige Leute, die ihr irgendwann in der Vergangenheit weh getan haben. Als sie den Zusammenhang begreift, ist es zu spät, um ihn anzuzeigen. Auch hinauswerfen kann sie ihn nicht, da er das alles nur getan hat, um ihr zu gefallen und sie zu rächen.

Das Ende ist ziemlich komisch, wie übrigens das ganze Buch, das im schillernden und erbarmungslosen Herzen Hollywoods spielt. Geschrieben habe ich es im ungeheizten Eßzimmer meiner Kindheit im Département Lot, wo ich mit meiner Schwester Suzanne saß und Haselnußsirup schlürfte. Ich hatte ihr das erste Kapitel vorgelesen, und es hatte ihr so gut gefallen, daß sie mich zwang, jeden Tag ein weiteres Kapitel zu schreiben und es ihr abends vorzulesen – was mich wiederum zwang, weiter daran zu arbeiten. Das Buch war nach einem Monat fertig, einem herrlichen Monat, den wir auch damit verbrachten, in der kühlen

Herbstsonne Pilze zu sammeln, aus denen meine Schwester dann die köstlichsten Speisen köchelte, während ich die schauerlichsten Morde ausbrütete. Es war ein zauberhafter Monat, und auch die Leser schienen von dem Buch verzaubert.

Jetzt sitze ich hier stillvergnügt, während ich eigentlich vor Empörung toben müßte: da ziehe ich einen kleinen Krimi, den ich in vier Wochen zusammengekritzelt habe, den Romanen vor, die mich Monate harter Arbeit gekostet haben! Aber ich glaube schon seit langem nicht mehr an den Zusammenhang von Mühe und Verdienst, zumindest nicht im künstlerischen Bereich. Außerdem gibt es da immer noch das leuchtende Beispiel von Stendhal, der seine *Kartause von Parma* in einer italienischen Villa innerhalb von drei Wochen geschrieben hat – ein Beispiel, das wohl jedes Gegenargument im Keim ersticken dürfte.

Von all dem einmal abgesehen, ist *Der Wächter des Herzens* das Buch, das mir beim Wiederlesen den meisten Spaß gemacht hat. Ein aufgebrachter Autor oder Kritiker hat mir mal vorgeworfen, daß ich es wage, unterhaltsame

Bücher zu schreiben, daß ich mich »was schämen« sollte usw. Ich hätte ihm gern Dickens,
Aldous Huxley, Evelyn Waugh, Voltaire und
andere entgegengehalten, doch darauf kam ich
erst drei Tage später, wie mir so oft intelligente
oder geistreiche Antworten erst mit Verspä-
tung einfallen. Doch wie soll man das Leben
und die Gewißheit des Todes ertragen, ohne
zum Humor Zuflucht zu nehmen? Der Humor ist die einzige Waffe des Menschen gegen
die Grausamkeit seiner Götter und die Sinnlo-
sigkeit seines Daseins. Der Humor, bezogen
auf die eigene Person, gestattet es einem, das
menschliche Wesen, das man ursprünglich war
und mit dem man für den Rest seines Lebens
möglichst schonend und rücksichtsvoll umzu-
gehen versucht, aus einem gewissen Abstand
zu betrachten.

EIN BISSCHEN SONNE IM
KALTEN WASSER

Im Jahr 1969 – gerade aus Indien zurück, wie die englischen Schriftsteller des neunzehnten Jahrhunderts – veröffentlichte ich *Ein bißchen Sonne im kalten Wasser*, ein an Éluard angelehnter Titel, wie so viele andere auch. Geschrieben habe ich dieses Buch in Irland, dem heitersten und freiesten Land in Europa. Wir – Bob, mein Sohn Denis und ich – hatten dort, wie im Jahr davor und auch im darauffolgenden Jahr, für einen Monat ein Haus gemietet. Wir verbrachten dort windgepeitschte Tage voller Regen und Sonne, in einem jener großen, kargen und fast leeren Häuser, die die Iren so schätzen. Wir kochten unser Essen selbst und sangen abends im Pub mit allen anderen lauthals »La vie en rose«. Freunde aus Paris kamen uns besuchen, anfangs noch voller Sorgen oder Heimweh, doch spätestens nach zwei Tagen waren auch sie von der allgemeinen Unbekümmertheit angesteckt. Ich glaube, wir waren dort sehr glücklich. Bob ging zum Fischen, und ich schrieb *Ein bißchen Sonne im kalten Wasser*, ein Titel, der an sich keine große Bedeutung hatte, der aber, wie mir aus heutiger Sicht klar wird, die atmosphärischen und gefühlsmäßigen Schwankungen der damaligen Zeit perfekt wiedergibt. Abends verbrachten wir endlose Stunden am rötlichen, sterbenden Torffeuer, den Blick zur Decke gewandt, mit eisigen Füßen und halb verbrannter Nase. Lag es vielleicht an diesem extremen und wechselhaften Klima, daß ich über einen jungen, lebensüberdrüssigen Mann schrieb: »Sobald Nathalie Sylvener ihn erblickt hatte, liebte sie ihn«?

So brachte ich, wie schon in *Bonjour Tristesse* – wenn auch auf andere Weise –, beinahe aus Versehen eine Todesahnung in meine Bücher, und zwar in dem Moment, als dieser für meine Verhältnisse melodramatische und unvorstellbare Satz (nach all meiner absichtlichen Untertreibung, meiner Zurückhaltung und dem Bemühen, meinen Figuren eine gewisse Leichtigkeit zu verleihen) plötzlich eine schicksalhafte

Bedeutung annahm, was mich natürlich zum Selbstmord der Heldin führte. Es wäre falsch zu behaupten, dies hätte alle meine Pläne umgeworfen, denn ich mache keine Pläne, habe es nie getan. Die paarmal, wo ich es versucht habe, ging es jedesmal schief, was vollkommen normal ist. Zu Beginn meiner Bücher schicke ich meine Figuren auf die Reise, mache sie miteinander bekannt und überlasse sie dann eine ganze Weile sich selbst. Damit will ich sagen, daß die Worte und Gesten, an denen sie sich gegenseitig inspirieren, ihre anfangs noch verschwommenen Persönlichkeiten allmählich klarer hervortreten läßt, und daß ich einfach nur abzuwarten brauche, bis sich ihre Charaktere deutlich abzeichnen. Da sie am Anfang praktisch frei sind, haben sich viele der Figuren radikal von ihrer ursprünglichen Rolle entfernt. Wie zum Beispiel in *Willkommen Zärtlichkeit*, wo sich herausstellt, daß der Gigolo in Wirklichkeit sentimental ist, der dicke Produzent ein Sensibelchen, das hübsche, kleine Luder ein wahrer Teufel usw. Sie haben erst begonnen sich zu verändern, als das Schiff schon auf der Reise war, und es hat mir großen Spaß gemacht, zum einen, weil ich noch nie autoritär war, und zum anderen, weil mir diese Turbulenzen gefielen. Es ist sehr angenehm, unter diesen Umständen ein Buch zu schreiben, weil man mindestens genauso gespannt ist wie der Leser.

Ein bißchen Sonne im kalten Wasser ist die Geschichte eines jungen Journalisten, der seiner selbst und des Lebens überdrüssig ist, kurz vor einer Depression steht und aufs Land fährt, um sich zu erholen. Dort begegnet er einer verheirateten Frau, Nathalie Sylvener, die sich in ihn verliebt, auf der Stelle ihren Mann verläßt und damit ihre gesellschaftliche Stellung aufgibt. Gemeinsam kehren sie nach Paris zurück, sie lieben sich, doch sehr bald verfällt er wieder in sein altes Leben, und sie merkt, daß er sich nach seiner Freiheit zurücksehnt. Von ihrem Geliebten und ihren Freunden verlassen, bringt Nathalie sich um, und Gilles begreift erst, als es zu spät ist, was er verloren hat.

Michel Legrand war ausersehen, die Musik dazu zu schreiben. Ich traf mich mit ihm zum Abendessen (beim Produzenten, soweit ich mich erinnere), und nach dem Essen setzte er sich ans Klavier und spielte ein wenig vor sich hin. Ich griff nach einem Stift und schrieb das

Lied »Dis-moi« zu einer Melodie, die er wieder und wieder spielte und die so richtig schön traurig klang. Jacques Deray machte aus dem Ganzen einen wunderbaren Film. Claudine Auger spielte hervorragend, und der arme Marc Porel war zwar zu jung für die Rolle, tat aber, was er konnte. Von Nepal oder Irland aus betrachtet, wirkte das Limousin, in dem ein Teil des Films spielte, einfach zauberhaft. Ab hier verschwimmen für mich die Daten. Ich kann nicht mit Sicherheit sagen, ob die beiden Auslandsaufenthalte so aufeinanderfolgten. Überhaupt ist nichts in diesem Buch hier absolut sicher; es ist durchaus möglich, daß mir Irrtümer unterlaufen, die einem hier und da entgegenspringen. Die Erinnerung ist ebenso verlogen wie die Phantasie, aber noch wesentlich gefährlicher, weil sie so strebsam tut.

Daß mich dieses »Sobald sie ihn erblickte, liebte sie ihn« so sehr erstaunt, liegt daran, daß ich mir Cocteaus Prinzip notiert und gemerkt hatte (wobei Cocteau für mich immer eher ein Dichter als ein Moralist gewesen ist). Ich zitiere aus der Erinnerung: »Ein Meisterwerk ist ein Gemeinplatz, der Konturen annimmt«, oder etwas in der Art; genauer bekomme ich es nicht mehr zusammen. Aber ich weiß noch, daß dieser Satz in jenen glücklichen Zeiten, als ich alle möglichen Maximen (meistens zynische oder spitzzüngige) in meine Schulhefte schrieb, auf einer der Seiten prangte. Außergewöhnliche Figuren in einen außergewöhnlichen Kontext zu setzen, erschien mir beklagenswert simpel; das war so, als verstecke man sich hinter der Dekoration, anstatt sich auf die Bühne zu stellen. Ich habe einmal an einer Sendung von Bernard Pivot teilgenommen, der die amüsante Idee gehabt hatte, Anne Golon – die geistige Mutter von »Angélique« –, Roland Barthes und mich in seine berühmte Talkshow *Apostrophes* einzuladen. Wir sollten über die Liebe reden. Alle waren sehr höflich zueinander, und ich konnte mir gerade noch ein unpassendes Lachen verkneifen, als Anne Golon, begeisterte Anhängerin von Spannung und Abenteuer, mich bezüglich *Édouard und Béatrice* (noch einer von diesen verdammten Romanen, die ich wiederlesen muß) fragte, was für ein Mensch Béatrice denn nun wirklich sei: »Was würde sie denn beispielsweise tun, wenn die Gestapo in ihr Zimmer gestürmt käme?« Barthes schien ebenso überrascht und erheitert wie ich, während ich ihr

stotternd antwortete, daß Béatrice (die in meinem Buch Schauspielerin ist) ihnen vielleicht
etwas von Corneille vortragen würde.

Um auf das kalte Wasser und die Sonne zurückzukommen, muß ich sagen, daß dieses
Buch vor allem eine gute Darstellung der ner-
vösen Depression ist. Die Beschreibung ist
sehr genau und treffend, obwohl ich schwören
könnte, daß mich diese Geißel der modernen
Zeit erst später plagte. Unsere Vorfahren haben
mit Sicherheit genauso stark unter dieser
Krankheit gelitten, aber die Klassiker erwähnen sie mit keinem Wort. Es war nicht sicht-
bar, es hatte keinen Namen, man starb nicht
daran, also existierte es nicht. So, wie es aus-
sieht, schickte man die Deprimierten des
neunzehnten Jahrhunderts (oder der vorherigen Jahrhunderte) im Höchstfall aufs Land.
Die vergleichsweise treffendste Schilderung ist
vielleicht die, die Valmont während des Aufenthalts bei seiner Tante zu Papier bringt und
dann absichtlich herumliegen läßt, um Madame de Tourvels Mitgefühl zu erwecken.*
Davon abgesehen findet man nirgends eine

---

* Choderlos de Laclos: *Gefährliche Liebschaften* (Anm. d. Übs.)

Spur, außer vielleicht noch in den tristen Kindheitsschilderungen von Chateaubriand (wobei man eher den Eindruck hat, daß sich der Vater damit herumschlägt, oder Lucile). Im Grunde haben wir da einen Helden, der uns von seinen Idealen berichtet, von seinem Lebenswillen, seinem Ehrgeiz und seinem Wunsch, geliebt zu werden. Ob der Grund dafür, daß die Depression zu jener Zeit so ungreifbar war, darin liegt, daß sie noch keinen Namen hatte? Vielleicht schämte man sich ihrer, wie es noch vor hundert Jahren der Fall war, wo es als schändlich galt, wenn sich ein Lebewesen, das sich guter Gesundheit erfreute und mit einem angenehmen Äußeren und dem nötigen Kleingeld ausgestattet war, um andere Dinge sorgte als um die Liebe und den Ehrgeiz. »Wie schön ist doch ein Leben«, hat Pascal gesagt, »das mit der Liebe beginnt und mit dem Ehrgeiz endet.« Daß ein solches Leben für einen gesunden Menschen auch eine unerträgliche Last darstellen könnte, erschien zumindest lächerlich, wenn nicht gar entehrend. Wer hat der Depression eigentlich ihren Namen gegeben? Wer hat daraus diese Krankheit gemacht, die jeden packen kann, den besten Freund oder den Bäcker an der Ecke, und die Aufmerksamkeit und Mitgefühl verdient? Es gibt wohl keinen Menschen über dreißig, der nicht von ihr gestreift worden ist, denn ich glaube nicht, daß eine Krankheit, die heutzutage so verbreitet ist, unsere Vorfahren neunzehn Jahrhunderte lang verschont hat. Dennoch ist die Beschreibung, wie Gilles von seinen Krisen gepackt wird, wirklich nicht übel.

Meine Kommentare zu *Ein bißchen Sonne im kalten Wasser* weiter oben waren selbst recht kalt. Doch heute habe ich es wiedergelesen und dabei zum erstenmal, seitdem ich an diesem Buch schreibe, nicht dieses Gefühl von Herablassung, Gereiztheit oder vager Befriedigung empfunden wie bei meinen anderen Romanen (selbstverständlich werde ich deshalb dieses Buch nicht mehr verändern – abgesehen von Stil und Grammatik –, denn meine Reaktionen müssen sozusagen brühwarm zu Papier kommen). *Ein bißchen Sonne im kalten Wasser* hat etwas, das mir zum erstenmal Achtung vor mir selbst einflößt. Form und Hintergrund sind treffend und knapp umrissen, die Gefühle werden auf gleichermaßen subtile und brutale Weise seziert. Denn es ist eine Geschichte von Leidenschaft, mit allen Exzessen, die nun mal dazugehören. Sie schwelt und lodert, aber auf zurückhaltende und plötzlich anrührende Weise. Wie soll ich es ausdrücken, ohne ins Lächerliche abzugleiten? Ich hatte dieses Buch vergessen. Doch im Moment ist *Ein bißchen Sonne im kalten Wasser* für mich das leidenschaftlichste und aufwühlendste von meinen Büchern. Ich freue mich noch immer wie ein Kind, daß ich es wiederentdeckt habe und es mir gefällt, nachdem ich bei den anderen nur Widerwillen oder vage Enttäuschung empfunden habe. Vielleicht war es dieses Gefühl, daß mir da etwas gelungen war, das mich danach, Ende 1972, dazu trieb, *Blaue Flecken auf der Seele* zu schreiben.

Von *Bonjour Tristesse* (schon wieder!) waren bis dahin fast zwei Millionen Exemplare verkauft worden; in der Zwischenzeit war ich bei Auflagen von zweihunderttausend angekommen, wo ich mich lange gehalten habe, bevor ich mich schließlich bei hundert- bis hundertfünfzigtausend eingependelt habe, und das seit mittlerweile fünfzehn Jahren. Und so stelle ich mir heute einerseits ein Leserpublikum in meinem Alter vor, das zusammen mit mir ins zwanzigste Jahrhundert gestartet und, wie ich, nun an seinem Ende angekommen ist, und andererseits die jungen Zwanzigjährigen – weniger verständlich, aber ebenso nah –, die mir schreiben. Und ich muß gestehen, daß mir der kleine Salto, den meine Bücher vom Regal der Eltern zu dem der Kinder gemacht haben, sehr gefällt. Nicht, daß ich von der Unvergänglichkeit meiner Werke überzeugt wäre, wenn auch der Wunsch, in der Nachwelt fortzubestehen, wohl sehr tief im Menschen verankert ist. Ich empfinde ihn jedoch nicht, entweder weil ich völlig in der Gegenwart lebe, weil mein Erfolg mir nicht verlängerbar erscheint, oder weil die Geburt meines Sohnes diese abstrakte Sehnsucht nach der Zukunft erfüllt hat. Ich denke einfach nicht daran. Abgesehen davon natürlich, daß das Unwägbare unserer Zukunft mich beeinflußt.

Jedes Jahrhundert hat geglaubt, das letzte Stündlein habe geschlagen, für die Menschen wie für das Universum. Nur daß bis heute niemand die Möglichkeiten dazu gehabt hat. Es mußten erst alle Errungenschaften des Fortschritts entwickelt werden, damit jemand wie Saddam Hussein in die Lage versetzt wurde, uns, bei günstigen Winden, zu vergiften oder in die Luft zu jagen. Das ist noch sehr neu, denn selbst Hitler in seinem Wahn war nicht imstande, die Welt zu zerstören. Aber ich habe mich weit von meinen harmlosen kleinen Romanen entfernt, und ich habe nicht die Absicht, in meinem vorgerückten Alter den Sprengmeister zu spielen. Wenn ich von »harmlos« spreche, dann denke ich an all die Mütter, die mir im Laufe der Jahre vorgeworfen haben, ich hätte ihre Kinder dazu gebracht, wegen eines Bärtigen oder einer Langmähnigen ihr Zuhause zu verlassen. Übrigens werden es immer weniger. Außerdem müßte schon eines dieser Kinder mein Buch nach der Lektüre zuklappen, sich vor seine Eltern hinstellen und ihnen entgegenschleudern: »Françoise Sagan hat recht, ich haue mit Arthur ab!«, um mein Interesse zu wecken. Wie dem auch sei, die Liebesszenen und die Freizügigkeit in meinen Büchern sind notwendig für die Handlung, und deshalb ist mir ihre mögliche Auswirkung auf Heranwachsende vollkommen gleichgültig. Selbst wenn die Vorwürfe zuträfen, könnte ich nichts daran ändern, und ich wage kaum, mir die Leserbriefe vorzustellen, die André Gide nach Veröffentlichung seines Buches *Uns nährt die Erde* bekommen haben muß.

Den in Hollywood angesiedelten *Wächter des Herzens* hatte ich, wie gesagt, im Lot geschrieben, und *Ein bißchen Sonne im kalten Wasser* im Norden Indiens. Ich hatte mit meinem Bruder einen Monat in Indien verbracht, drei Wochen davon in dem Ort Srinagar in Kaschmir, wo wir beinahe endgültig hängengeblieben wären. Zuvor waren wir in Katmandu (Nepal) gewesen, in dem Hotel des berühmten Igor, eines notorischen Abenteurers und charmanten Gastgebers. Seine Bar war eine Sammelstelle für alle möglichen anderen Abenteurer, die so unecht wirkten, daß man sie eher für verkappte Bullen oder Spitzel hielt. In diesem Hotel, in seinen riesigen, fremden Zimmern, die mit seltsamen Statuen, Hörnern und Fellen von unbekannten Tieren geschmückt waren, beunruhigend wie eine rätselhafte Melodie, mußte ich wieder an die Causses und an das Limousin denken, an die Herden aufgeregter Schafe, an den Gleichmut der Schäfer und an die sanft geschwungenen Hügel, die stumm im milden Abendlicht dalagen, umweht vom Rauch der Laubfeuer. Das einzige, was diese beiden Landschaften miteinander verband, waren die Pappeln, die ein mongolischer Herrscher einst mitgebracht und zu Dutzenden am

Fuß des Himalaya gepflanzt hatte. Ich verstehe den besagten Herrscher übrigens sehr gut, denn Pappeln sind meine Lieblingsbäume.

Doch lassen wir das Département Lot und Kaschmir mal beiseite (ich weiß nicht, weshalb diese Jahre zwischen 1967 und 1972 in meinem Kopf so verschwommen sind). Das Jahr 1968 war witziger und vielleicht auch befreiender, als ich dachte. Im Régine bekam ich eine Tränengasbombe ab, und tagelang spielte ich in Paris Taxi und fuhr die unterschiedlichsten Anhalter durch die Stadt. Manche von ihnen, die sich eben noch mutig gegen die Ordnungskräfte zur Wehr gesetzt hatten, bekamen Angst, sobald sie sich in mein Auto setzten. Ich fuhr ausgesprochen spritzig, und meine Lieblingsspielzeuge wurden mir auch eines Abends im Odéon zum Vorwurf gemacht, wo eine ausgelassene und tobende Menge ein Mikro herumgehen ließ und jeder, beklatscht oder ausgepfiffen, seine Meinung zur Freiheit, zum Königsmord, zum Kartoffelpreis oder zum Stummfilm sagen konnte. Einer, der am anderen Ende des Saals stand und gerade das Mikro hatte, rief: »Madame Sagan ist natürlich im Ferrari gekommen, um die Revolte der Genossen Studenten zu verfolgen!« Darauf folgte ein Gewirr von Ausrufen, die ich nicht verstand. Man reichte mir das Mikro durch, das gut zwei Minuten brauchte, um bei mir anzukommen, so daß ich Zeit hatte, mir eine bissige Antwort auszudenken – die mir natürlich nicht einfiel. Also stand ich nur auf und rief mit ernster Stimme ins Mikro: »Stimmt nicht! Es ist ein Maserati!« Lachen ist eben das beste Argument, zumindest in Frankreich.

BLAUE FLECKEN
AUF DER SEELE

In den letzten Tagen habe ich das Buch *Blaue Flecken auf der Seele* wiedergelesen, dessen Titel allein schon sehr schön ist und das ein paar wirklich ganz ordentliche Passagen hat. Da die alte Garde nicht mehr da war, um es zu besprechen und vielleicht zu loben, und da ihre Nachfolger mir ziemlich verworren schienen, werde ich selbst die Apologie und Kritik meines Textes übernehmen. Wie es in der französischen Justiz üblich ist, werde ich mit der Anklage beginnen. Als Ankläger fungiert das unzufriedene Publikum, als Verteidiger das wohlwollende.

STAATSANWALT: In diesem Buch sehen wir eine Schriftstellerin, die eine Schreibhemmung hat, aber bedauerlicherweise nicht für lange. Wir sehen, wie Madame Sagan ihre gewohnte Nüchternheit aufgibt, um sich in einem plötzlichen lyrischen Anfall über so ausgelutschte Themen wie den Krieg, die Literatur, die Liebe usw. auszulassen, die bereits von etlichen brillanteren und besser informierten Autoren behandelt worden sind. Wir begegnen den Figuren aus *Ein Schloß in Schweden* wieder, jedoch verlebt, zu Schmarotzern verkommen und sogar noch stolz darauf.

VERTEIDIGER: Das Buch, das uns Madame Sagan diesmal liefert, ist originell und persönlicher als die vorigen. Sie zeigt darin ihre Verletzlichkeit und ihre Auseinandersetzung mit vielen Themen, von denen wir bisher geglaubt haben, daß sie sie nicht interessieren, und über die sie spricht, ohne ihre eigene Gesinnung oder die ihrer bezaubernden Figuren zu verraten. Ihre Sprache ist lyrisch, poetisch, was, wie ich betonen möchte, in angenehmem Kontrast zu ihren bisherigen Werken steht. Um so mehr, als auch die Ironie nicht zu kurz kommt ...

In Wirklichkeit ist das Buch von einer verführerischen Freiheit, wenn man sich ihm unvoreingenommen nähert, und wesentlich expliziter als die vorherigen. Ich weiß noch, daß ich am Anfang in einer geradezu trostlosen Stimmung war und durch die Arbeit daran gegen

Ende zu einer heiteren Gelassenheit gefunden habe. Jedenfalls muß ich anfangs ziemlich deprimiert gewesen sein, da ich mir darin selbst so ausgiebig das Wort gelassen habe. Beendet habe ich die *Blauen Flecken auf der Seele* in der Rue Guynemer in Luxemburg, und ich erinnere mich noch sehr gut an die verstümmelten, so sauber gestutzten, von Spatzen bevölkerten Bäume, so wie ich mich an die Pappeln in Lancray in der Normandie erinnere.

Daß ich in *Blaue Flecken auf der Seele* außer meinen eigenen Reaktionen nur die meiner beiden extravaganten Theaterfiguren Éléonore und Sébastien van Millen beschrieben habe, kommt daher, daß ich das Phänomen der Identifikation seitens meiner Freunde und Verwandten ein wenig satt hatte, denn es führte oft zu albernen Dialogen der folgenden Art:

Sie (eine Bekannte): »Meine liebe Françoise ... – Ja, ich bin's ... – Sagen Sie, wie haben Sie all das nur herausgefunden? ... Das bin ich, das ist mein Leben! ... Was ich da in Ihrem Roman gelesen habe, ist eine komplette Beschreibung ... Hun-dert-pro-zen-tig! ... Aber ja doch ... Ich habe gedacht, ich träume! ... Wie, das war keine Absicht?! Sie haben überhaupt nicht daran gedacht? . . . Mag sein, aber das überrascht mich nicht, das ist bestimmt unbewußt. Jemand regt Ihre Phantasie an, und dann verwerten Sie das in ihren Büchern. Eben ganz unbewußt . . . Witzig ist nur, daß Sie es wirklich genau getroffen haben . . .«

Oder wenn sie jemand anders erkannt zu haben glauben, der weniger sympathisch ist: »Françoise, ich sage dir, ich habe sie alle in deinem Buch wiedererkannt! Aber vor allem Arthur! Du hast ihn so gut getroffen, es ist zum Schreien! . . . Doch, doch, ganz sicher. Erzähl mir nicht, daß du dabei nicht an ihn gedacht hast, das nehme ich dir nicht ab! . . . Ach, komm schon, gib's zu!« usw.

Aber ich habe nie irgendwelche Vorbilder benutzt, bewußt oder unbewußt. Zum einen aus Höflichkeit (ich selbst fände es grauenvoll, mich in einem Buch wiederzufinden), und zum anderen wegen vorhandener Vorstellungskraft. Die Figuren, die ich schaffe, repräsentieren ein ganz bestimmtes Gefühl. Sie sind lebende Symbole. In einem Buch gibt es immer Raffungen und Aussparungen, das läßt sich gar nicht vermeiden. Welchen Fahrstil hat Luc? Wie kämmt sich Lucile in *Chamade*, wie lacht sie? Lauter Details, die für mein Buch vollkommen unwichtig wären, aber gleichzeitig auch typische Verhaltensweisen, die uns bei einem anderen Menschen sofort auffallen.

Die Briefe sind anders:

»Gerade habe ich *Lieben Sie Brahms?* gelesen. Wir kennen uns nicht, aber das ist haargenau die Geschichte von mir und meinem Angestellten. Ich habe einen Obst- und Gemüseladen, und ich hätte nie gedacht, daß ich mich mal in einem Buch wiederfinden würde. Das hat mich gefreut und mir die Schuldgefühle genommen.«

Oder, unbezahlbar, wenn auch etwas ungenau:

»Ich war total deprimiert. Dann habe ich *Chamade* gelesen, und danach ging es mir besser ...«

Oder auch:

»Ich bin vierzig Jahre alt und mit einem Tennislehrer verheiratet, und oft erscheint mir das Leben so leer. Dann lese ich immer eines von Ihren Büchern, und das muntert mich wieder auf!«

Und, noch unbezahlbarer:

»Ich bin achtzehn Jahre alt. Ich hatte die Nase voll vom Leben, und fast hätte ich eine Dummheit gemacht. Dann habe ich *Blaue*

Flecken auf der Seele gelesen, und das hat mich wieder aufgerichtet.«

Diese beiden letzten Beispiele sind Balsam für die Autorin. Die Menschen, die so etwas schreiben, haben sich bestimmt ihrer Melancholie geschämt (und vielleicht sogar noch im Nachhinein). Oft unterschreiben sie übrigens auch nur mit »ein Leser« oder »ein Freund«, doch ihr Dank gibt mir ein Gefühl von Nützlichkeit, das bei mir überaus selten ist, und sogar eine gewisse Achtung gegenüber meiner Prosa, was ebenfalls nicht gerade oft vorkommt. Was mich wirklich glücklich macht, ist die Vorstellung, daß dieser oder diese Fremde irgendwo im Lande vier Jahre nach seinem Erscheinen auf mein Buch gestoßen ist und daß die Lektüre ihn oder sie getröstet hat. Das sind die Leute, die einem sagen: »Ich mag Sie, machen Sie weiter.« Manchmal auch: »Ich habe noch nie etwas von Ihnen gelesen, aber ich mag Sie.« Dieses Mysterium bezaubert mich trotz allem. Es ist wirklich wohltuend! Ich weiß natürlich, daß ich auf der Straße oft nur verdutzt dreinschaue und mich einfallslos bedanke, aber ich fühle mich verbunden, solidarisch mit den Fußgängern, den Parisern und den Lesern auf der ganzen Welt.

Um noch einmal auf *Blaue Flecken auf der Seele* zurückzukommen, über das ich bisher wenig gesagt habe, so denke ich trotz allem, daß es vielleicht das einzige Buch ist, das ich einem Verleumder meines Werkes entgegenhalten könnte. Es hat viele Fehler, aber es zeigt eine Freiheit und hier und da eine Poesie, die eindeutig von einem Schriftsteller stammen, oder jedenfalls von einem Menschen, der zum Schreiben berufen ist. Es enthält große Mängel, wie zum Beispiel die geradezu penetrante Verwendung des Adjektivs »fröhlich«, das, egal wie euphorisch ich damals gewesen sein mag, nicht so oft in meinem Text hätte auftauchen dürfen. Aber es enthält auch Gedanken über die Natur, die Gefühle, die Zukunft, über dies und das, die einen raschen, mühelosen Übergang zwischen Unterhaltung und innerer Bewegung schaffen, und das mit einer Freiheit, die ich mir nicht zugetraut hätte. Kurzum, für die Leute, die mich kennenlernen möchten: dies ist vielleicht mein persönlichstes Buch. Seit acht Lustren (Wörterbuch holen gilt nicht!) fordert man mich auf oder bittet mich, von mir zu erzählen, mich zu offenbaren, mich zu enthüllen – kurz: meine Memoiren zu schreiben, was ich nicht kann (siehe Seite 7).

Einfacher gesagt, man bittet mich, die Maske abzulegen, mein wahres Gesicht zu zeigen, das während dieser acht Lustren angeblich sorgfältig verborgen geblieben ist. Ich glaube nicht, daß man so lange ein falsches Bild aufrechterhalten kann, denn ich ähnele tatsächlich stark der etwas unsicheren, maßlosen und widersprüchlichen Frau, als die man mich so oft – und zu recht – dargestellt hat. Aber Tatsache ist, daß ich überhaupt keine Lust habe, von mir oder von meinem Leben zu erzählen. Das ist eine der großen Belohnungen, einer der großen Vorteile der Berühmtheit: Man bekommt sich selbst satt. Wenn einem ein Dutzend Bilder von einem selbst entgegengehalten werden, ob nun zutreffend oder falsch, hat man irgendwann die Nase voll und wendet sich ab, und dann hört man auf, im Auge der anderen nach der ewigen Jugendlichen zu suchen, die man einst gewesen ist und die nur noch unter dem traurigen Namen Eitelkeit existiert.

Ich kenne diesen Hunger, beziehungsweise ich habe ihn gekannt, bis ich achtzehn war. Die tausend Spiegelbilder, die man mir seit damals entgegengehalten hat – mehr oder weniger schmeichelhaft und mehr oder weniger zutreffend – haben mich mir selbst gegenüber vollkommen gleichgültig werden lassen. Meine Wahrheit – vorausgesetzt, daß ein menschliches Wesen überhaupt eine klare und dauerhafte Wahrheit leben kann – befindet sich wohl in meinen Büchern, wie primitiv sie meiner ursprünglichen Sensibilität oder Intelligenz bisweilen auch erscheinen mögen. Zu schreiben bedeutet nicht, sich zu offenbaren, sondern ein Bild von sich zu projizieren, das die anderen im Gedächtnis behalten sollen, ein Bild, das jeder selbst entdecken muß. Vielleicht klingt das alles verwirrend und unverständlich, aber wer aufmerksam ist und sich selbst mit einer gewissen Kühle oder Strenge wahrnimmt, wer sich irgendwann in einem Spiegel sieht wie einen anderen Menschen, der neben ihm hergeht, der versteht genau, was ich meine.

Ein verlorenes Profil

Kehren wir zu meiner Liste zurück. Ich bin bei *Ein verlorenes Profil*, von dem ich ein paar Seiten gelesen, dann darin geblättert und mir schließlich das Ende angesehen habe, und dessen Lektüre mir wie eine Strafe erscheint. Es ist eine unglaubwürdige, nichtssagende Geschichte um zwei ebenfalls langweilige Figuren. Ich frage mich sogar, wie ich monatelang daran schreiben konnte und wieso mich mein Verleger – in dem Fall Flammarion – nicht auf die Mängel hingewiesen hat. Offenbar hatte meine Auflagenzahl größeren Einfluß auf meine Verleger (in diesem Zusammenhang könnte man sogar Händler sagen) als die Literatur. Mittlerweile schäme ich mich fast, daß ich damit auch noch Geld verdient habe. Eine Handvoll gelungene Formulierungen rechtfertigen nicht den Kontext, der sie umgibt: platt, gekünstelt und lächerlich. Ich hoffe, der heutige Leser nimmt es mir nicht übel, wenn ich nicht auf die Einzelheiten dieses Gekritzels eingehe; allein bei der Vorstellung fällt mir der Stift aus der Hand.

>*Übergehen wir dies, da doch alles*
     vorübergeht,
Ich werde mich oft umdrehen.«

Ich denke gar nicht daran, mich umzudrehen. Im Gegenteil, ich werde nach dieser schlechten Lektüre mit fliegenden Fahnen zu meinem nächsten Roman übergehen, der hoffentlich kein Reinfall ist – denn so allmählich betrachte ich mein gesamtes Werk mit Argwohn. Das nächste Buch heißt *Édouard und Béatrice*. Bei dem habe ich etwas mehr Hoffnung, denn es erinnert mich an einen glücklichen Sommer in der Rue d'Alésia, ein leeres Haus und einen von Akazienblüten übersäten Gehsteig. Ich rieche förmlich wieder ihren Duft und denke an den Pont de Tolbiac, wo ich nach der Arbeit in der Morgendämmerung oft spazierenging, um gegen fünf Uhr morgens die Seine, das Wasser, zu erschnuppern und von dort aus in der Ferne den Rauch der Fabriken zu betrachten, die entlang des Flußufers verstreut lagen, die noch schlummernden Frachtkähne und den Anbruch des Tages. Es war eine Phase von Arbeit und Ruhe zugleich, die Zeit mit *Edouard und Béatrice* ist mir in bester Erinnerung, und falls dieses Buch aus dem gleichen Holz geschnitzt sein sollte wie *Ein verlorenes Profil*, würde mich das sehr traurig machen, sowohl für meine Erinnerung als auch für mich.

Um auf *Ein verlorenes Profil* zurückzukommen – ich frage mich oft, wie man ein ganzes Buch über ein schlechtes Thema schreiben und ihm Zeit und einen Teil dessen, was wohlwollende Leute Talent nennen, opfern kann. Es ist eine lange, eintönige und mühsame Aufgabe, zu der man sich aus Gründen des moralischen oder finanziellen Gleichgewichts zwingt. Was *Ein verlorenes Profil* betrifft, so hoffe ich, daß sie hauptsächlich finanzieller Natur waren. Nichtsdestoweniger enthüllt diese Blindheit gegenüber dem eigenen Text, dieser täglichen Mühsal, ein leeres Blatt zu füllen, beim Wiederlesen eine beunruhigende Distanz von sich selbst und von der Literatur. Doch wenn einem kein spannenderes Thema einfällt, wenn man alles satt hat und der Stift unabhängig vom eigenen Nachdenken und kritischen Urteil über das Papier gleitet, wenn sich also die Wahrheit verflüchtigt und der Gewohnheit Platz macht, einer Anstrengung, die einem abverlangt wird und die zu unternehmen man versprochen hat, liefert man sich dem Mittelmaß aus und dem schlimmsten Teil seiner selbst: der Faulheit, dem Blabla, der Langeweile. Und gegen diese lehnten sich meiner Meinung nach die Verleger früherer Zeiten stärker auf, womit sie ihre privilegierte Aufgabe erfüllten. Somit werde ich mich *Édouard und Béatrice*, das ich seit der Lektüre seines Vorgängers mit einer Art respektloser Furcht umkreise, mit größter Vorsicht nähern.

Doch die Frage läßt mich nicht los: Wie kann man sechs Monate lang über uninteressante Leute schreiben? Diese Frage habe ich mir schon oft gestellt, vor allem in bezug auf andere Autoren; jetzt betraf sie mich selbst. *Bonjour Tristesse* hatte bei einer ganzen Schar von jungen Mädchen, müßig oder nicht, den Drang ausgelöst, zur Feder zu greifen, in dem edlen Bestreben, ebenfalls Lorbeeren und Millionen zu ernten. Viele Verleger vergaßen, zumindest in den ersten Jahren nach *Bonjour Tristesse*, ihre

Auswahlpflicht und brachten die Bücher heraus, versehen mit einer breiten Banderole mit der Aufschrift: »Eine neue Sagan«, so, als sei ich gestorben, was ich in Anbetracht meiner fünfundzwanzig Jahre etwas taktlos und verfrüht fand. Darüber hinaus parierte ich die dumme Frage: »Wie haben Sie dieses Buch geschrieben?« unvorsichtigerweise mit der ebenso dummen Antwort: »Tja, ich habe mir ein Heft und einen Stift genommen und einfach angefangen.« Eine bescheidene Antwort, gewiß, aber sie führte eine Menge junger Leute auf einen falschen Weg. Ich hätte in meine Bemerkung den Begriff des Talents einbringen und seine Notwendigkeit unterstreichen sollen, aber ich kam gar nicht auf die Idee, daß man überhaupt ohne schreiben könnte. Bedauerlicherweise bewiesen mir die Folgen das Gegenteil. Einige Verleger baten mich sogar darum, ein Vorwort für diese Nachahmungen zu verfassen ... Warum nicht gleich meinen Nachruf schreiben, wo wir schon mal dabei waren?

Dem aufmerksamen Leser wird am Ende dieses Buches natürlich auffallen, daß die Kapitel, in denen ich von meinen Mißerfolgen oder Lücken spreche, wesentlich kürzer sind als die, in denen ich mich mit einem gewissen Wohlwollen betrachte. Er wird es bemerken, sich darüber amüsieren oder es mir vielleicht vorwerfen, doch das ist mir ganz egal. Weiter werde ich die Selbstkritik nicht treiben, weil sie dann sehr bald in Masochismus umschlagen würde. Und ich bin zwar vieles, aber nicht masochistisch. Ich habe keine Schuldgefühle und habe, soweit ich mich erinnern kann, auch nie welche gehabt. Das ist vielleicht auch der Grund für den Schwung und die Freude, dank derer ich wie eine Kanonenkugel durch mein Leben geschossen bin – eine Kugel, die über Reue, Gewissensbisse, Machtkämpfe usw. hinweggeflogen ist, kurz: über alles, was einen schlagartig mit Problemen konfrontiert, die in Wirklichkeit gar nicht existieren, beziehungsweise nur im eigenen Kopf. Sobald jemand stehenbleibt, taumelt er und fällt hin. Und wir leben nicht in einer Zeit, in der man sich auf dem Boden ausstrecken und in aller Ruhe zusehen kann, wie die Sonne auf- und untergeht wie ein der Ewigkeit geweihtes Schauspiel. Unsere Sonne zögert zum erstenmal, ihre Schleier zerreißen, und die Wolke von Tschernobyl zieht wieder und wieder an ihr vorüber, vergiftet ihr Licht und unser Leben, während diejenigen, die uns eigentlich schützen und uns dienen sollten, ihr unglückseliges Geld – das übrigens unseres ist – für irgendwelche albernen Dinge ausgeben, die für unsere bedrohte Existenz nicht das geringste ausrichten. Ich frage mich, ob man die Kerle von der UNO (und anderen Organisationen) nicht am besten aufknüpfen, köpfen oder erschießen sollte, denn wenn man diesen Leuten sagt, daß am Montag die Hälfte des Hutu-Volkes massakriert werden soll, berufen sie für den Dienstag eine Zusammenkunft ein, bei der sie ihr Bedauern darüber äußern können; und vielleicht gehen sie dann am Samstag oder Sonntag in den Zoo und füttern die Tiere mit Brotresten. Was der Geist eines Volkes im Ertragen von Grausamkeit und Ungerechtigkeit verkraften kann, ist nichts im Vergleich zu dem, was der Geist vieler Völker im Zufügen von Grausamkeit und Ungerechtigkeit ertragen kann.

Und wie alle Schriftsteller wünsche ich mir natürlich, daß mein Buch vor dem nächsten Tschernobyl erscheint, worüber meine Leser sicher lachen oder spotten werden. Falls es dann noch genug Gesunde gibt, die lachen können.

ÉDOUARD UND BÉATRICE

Wenden wir uns einem weniger ermüdenden Thema zu: der Reinkarnation von Figuren. Bereits in *In einem Monat, in einem Jahr* wurde Josée geschaffen, die ungreifbare Josée, die ihrem intelligenten Geliebten Bernard (Bernard Frank hat sich seither immer wieder über diese Namensgleichheit beschwert, obwohl von meiner Seite wirklich keinerlei Anspielung beabsichtigt war, er muß sich offenbar sehr darüber geärgert haben, denn er läßt mir bis zum heutigen Tag keine Ruhe damit ...) einen etwas schlichter gestrickten Geliebten vorzog, nämlich Jacques. Josée, die fünf Jahre später in *Die wunderbaren Wolken* wieder auftauchte und dann noch einmal in dem elenden *Ein verlorenes Profil*, verschwand danach endgültig aus meinem Werk; vermutlich hatte die Langeweile ihrer letzten Rolle sie zerstört. Die Van Milhems wiederum hatten die Bühne von *Ein Schloß in Schweden** verlassen, um erst in *Blaue Flecken auf der Seele* wieder auf- zutauchen, wo sie vielschichtiger und mensch- licher wurden, bevor sie dann für immer nach Schweden zurückkehrten.

Édouard und Béatrice ist tatsächlich ein gutes Buch, mit gewitzten und feinfühligen Bemer- kungen über die Aspekte der Liebe, der Einsam- keit, der Leidenschaft des Schreibens und des Todes. Ich hatte mir allerlei Komplikationen ausgedacht, wie ich Béatrice und Édouard Schritt für Schritt in meine Herde zurückführen konnte, doch dann fand ich sie gleich im ersten Kapitel im Bett wieder, vereint nach der langen Trennung, die Béatrices Wunsch gewesen war. Prompt kehrte Édouard in das von zahllosen Bil- dern dieser Frau bevölkerte Universum zurück, und durch die Angst, sie noch einmal zu verlie- ren, entbrannte seine Leidenschaft erneut und wurde zum Zentrum seines Denkens und Füh- lens. Sie umarmte in ihm den jungen Schriftstel- ler, der er geworden war, und den leidenschaftli- chen Liebhaber, der er, wie sie sich erinnerte, fünf Jahre zuvor gewesen war. Es war die Ge-

---

* Ein Theaterstück von F. Sagan (Anm. d. Übs.)

schichte ihrer Verbindung, unterbrochen durch Béatrices Verrat, Wankelmut und Heimlichtuerei und Edouards Verzweiflungsanfälle, die ich gewissenhaft und recht gut beschrieb. Was das Buch außerdem unterhaltsam machte, war das Milieu, in dem es spielte: Die dritte Figur war André Jolyet, Theaterdirektor und einst glücklicher Rivale von Edouard. An Krebs erkrankt, setzte er mitten in der Geschichte seinem Leben auf ziemlich diskrete und dadurch rührende Weise ein Ende; auch in der Literatur ist das Schweigen dramatischer als alle Worte. Zur Überraschung des Lesers, wie übrigens auch zu meiner eigenen, trennte sich das Paar am Ende des Romans nicht, sondern fuhr mit seiner zärtlichen Komödie fort, dieser doppelten Sichtweise der Dinge, die es ihnen ermöglichte zusammenzuleben.

Es ist in gewisser Hinsicht ein ziemlich gerechtes Buch, denn auch wenn die Leidenschaft Edouard an die Wand nagelt und ihn zu ihrem Objekt und zu Béatrices willigem Spielzeug macht, ist doch Béatrice ihrerseits trotz ihrer angeborenen Unbarmherzigkeit und ihres Wankelmuts immer wieder berührt von dieser bedingungslosen Liebe, ja sogar überwältigt bis zur Hingabe, so daß man bis zur letzten Seite nicht weiß, wer von beiden Henker und wer Opfer sein wird. Es ist gut geschrieben, straff, manchmal amüsant, dann wieder rührend, und es zeigt eine ganze Menge Wissen um die Kämpfe in Partnerschaften. Kurzum, wenn es auch vielleicht kein gutes Buch ist, so gehört es doch zu denen, die zu schreiben mir am meisten Spaß gemacht haben. Mittendrin hatte ich mir durch einen versehentlichen Sturz aus dem Fenster meines Hauses den Ellbogen gebrochen. Da ich nur noch mit drei Fingern der rechten Hand tippen konnte, war ich dazu übergegangen, das besagte Buch Isabelle zu diktieren (der einzige Mensch, dem ich je irgendwas diktieren konnte). Es ist verdammt schwierig, einen Satz wie: »Er drückte die Lippen auf ihren Mundwinkel« oder: »Ich hatte ganz vergessen, daß du im Bett so gut bist« in Gegenwart eines anderen laut auszusprechen. Isabelle jedoch, hinter ihrer Sonnenbrille verschanzt, distanziert und stumm, machte es, dem Himmel sei Dank, möglich. Doch das setzte von beiden Seiten eine ordentliche Portion Kaltblütigkeit und zusätzlich von meiner Seite eine gefährliche Eitelkeit voraus. Noch heute habe ich Angst davor, daß Isabelle mir bei meinen Sätzen ins Gesicht gähnt.

Ich weiß nicht, woher dieser Hang kommt, die gleichen Figuren in einer anderen Situation oder mit anderen Partnern wiederaufleben zu lassen. Es liegt nicht daran, daß es zu wenig schöne Vornamen gibt, und es liegt auch nicht an einem Mangel an Phantasie. Diese beiden Figuren zum Beispiel, Édouard und Béatrice, waren in meinem dritten Buch mit groben (wenn nicht sogar flüchtigen) Strichen skizziert worden, umgeben von einer Mischung aus Oberflächlichkeiten und Effekten, um das bereits erwähnte bedauerlich schmale Format wettzumachen. Diese Entwürfe hatten in mir ein vages Gefühl des Bedauerns hinterlassen und vor allem den Eindruck, etwas ausgelassen zu haben. Kurz gesagt, für mich existierten sie noch, und nach zwanzig Jahren unter dem Scheffel hatte ich Lust, sie zu befreien und sie wieder in Gang zu setzen. Und das geschah mit *Le lit défait** – übrigens ein Titel, der mir immer besser gefällt und dessen Ursprung – Éluard – ich diesmal ausnahmsweise in meinem Motto zu erkennen gegeben habe. Ich

---

* So der Originaltitel des Buches, wörtlich übersetzt »Das ungemachte Bett«; das Motto, dem dies entstammt, fehlt in der deutschen Ausgabe (Anm. d. Übs.)

bewundere die Dauerhaftigkeit einer Figur von Proust ebenso, wie ich die der Figuren von Jules Romains begähne, obwohl der Vorgang derselbe ist. Es ist schon komisch und aufschlußreich, wenn man in einem gewissen Alter auf dem Papier eine Familie gründet.

Die Van Milhems waren also aus dem *Schloß in Schweden* herausgekommen und in *Blaue Flecken auf der Seele* wieder aufgetaucht. Sie verließen mich mit Lorbeeren. Und wen sah ich nun wieder vor mir, nachdem sie sich ihrerseits aus *In einem Monat, in einem Jahr* herausgeschlichen hatten? Das junge Paar, das eine kurze Affäre miteinander gehabt hatte: Béatrice, die ehrgeizige Schauspielerin, und Édouard, den liebestrunkenen jungen Mann, den sie damals wegen des temperamentvollen und zynischen Theaterdirektors André Jolyet verlassen hatte. »Und dieser Jolyet?« wird man mich nun fragen. (Dieses »man«, das so unterwürfig und zugleich neugierig auf alles ist, was ich tue, dieses ach so praktische »man«, das ich immer eilends herbeizitiere, wenn ich es brauche, und prompt vergesse, wenn es mir überflüssig erscheint.) »Was geschieht denn nun mit dem?« Nun, er stirbt. Nicht aus Überdruß am Leben, sondern aus Stolz auf das seine. Sein Leben war zu gelungen, als daß er den allmählichen Verfall seines Körpers und die fortschreitende Zersetzung seines Gehirns durch den Morphiumstau ertragen hätte. Er liebt das Leben zu sehr, um tatenlos zuzusehen, wie es auf ein paar von anderen (Ärzten, Krankenschwestern, Medikamenten) bestimmten Gesten reduziert wird. Er ist ein Mann, der nach seinem Vergnügen gelebt hat und nicht die geringste Lust verspürt, nun nach seinen Schmerzen zu leben. Wie so viele Genießer hat er wenig Interesse an seinem Körper, kümmert sich so wenig wie möglich um ihn. Er weiß nur, daß in ihm der Mut steckt, dem Schicksal zuvorzukommen, seinen eigenen Tod zu überholen, zumindest den Schreien und den Zuckungen eines Körpers zu entgehen, der nach Jahren bedingungslosen Gehorsams auf einmal aufmuckt. An seinem Bett erträgt er nur Béatrice, die trotz ihres Egoismus und ihrer Todesverdrängung gebannt ist von diesem Kampf zwischen einem vertrauten Menschen und diesem fremden Tod. Diesmal ist sie ausnahmsweise auf der Seite des Opfers und des zwangsläufigen Verlierers – Jolyet im Zweikampf mit dem Krebs. Béatrice, die ihn trotz ihrer angeborenen Gleichgültigkeit täglich besuchen kommt. In Jolyets Schublade schlummern die nötigen zehn Ampullen Morphium.

Béatrice war in dem Buch *In einem Monat, in einem Jahr* nur sehr oberflächlich skizziert; für *Édouard und Béatrice* habe ich sie praktisch neu entworfen. Édouard wiederum hatte damals nur ein einziges Charakteristikum, nämlich seine Leidenschaft. Diese drei Figuren werden auf einer gewissen Anzahl von Seiten mit den Auswirkungen der Leidenschaft und des Selbstmords, der Pariser Gesellschaft und der Eitelkeit der Theaterwelt konfrontiert. Ich muß ganz schön mutig gewesen sein, diese vier Themen, von denen schon ein einziges dem Ehrgeiz so mancher Autoren genügt hat, in einem Anlauf zu attackieren. Es kommt mir fast so vor, als würden sich eine seltsame Naivität und eine alte Jugend in mir ausbreiten, wenn ich an einem Buch schreibe, wobei mir die Naivität gestattet, es überhaupt anzufangen, und die Jugend, bis zum Ende durchzuhalten.

Genau wie Béatrice war ich ohne große Illusionen und mit einer ganzen Anzahl von Vorurteilen (woher? warum?) zu André Jolyet gegangen. Seltsamerweise fand ich mich, als ich sein Schlafzimmer betreten hatte, an seiner Seite wieder, während Béatrice mir gegenüberstand, hilflos und überfordert angesichts der Leichtigkeit dieses Todes. Plötzlich steckte ich in ihm, und als gerade keine Zeugen anwesend waren, nutzte ich den Moment, öffnete gemeinsam mit ihm die Schublade meines Nachttisches, nahm die zehn Ampullen Morphium heraus, dazu eine Ampulle Antiemetikum, um das Erbrechen zu verhindern, und spritzte mir das Ganze in den Oberschenkel, der bereits skelettartig abgemagert war und schlecht zu einem Mann paßte, der stets großen Wert auf ein gepflegtes Äußeres gelegt hatte. Und so machte ich mich mit ihm im Schlepptau auf den Weg in die Ferne, zu den Feldern – nicht die der Kindheit oder die, die ich später gesehen hatte, sondern bizarre, blaßgelbe Felder hinter Gesichtern, die ich ebensowenig kannte und die kennenzulernen ich nicht die geringste Lust verspürte. »Verloren ohne Mast noch grüner Inseln Flor.« Kurzum, ich tauchte in etwas Unbekanntes hinein, das in nichts dem ähnelte, was ich mir in meinen gelegentlichen Anwandlungen, allem ein Ende zu setzen, vorgestellt hatte. Béatrice kam, setzte sich und sah mir wortlos beim Sterben zu. Vielleicht rollten ein paar Tränen über ihre Wangen und ihre schönen, zusammengepreßten Lippen. Dann ging sie, wofür ich ihr dankbar war. Jolyet war bereits auf der Reise, zwischen zwei Wolken.

Doch, wirklich, ich liebte den Duft der Akazien auf dem Gehweg der Straße, in der ich fünf Jahre gelebt habe, und ich liebte die Blüten und Blätter, die im Sommer überall verstreut waren. Manche Bücher haben einen triumphalen Anfang und ein trübseliges Ende – bei anderen ist es genau umgekehrt. *Édouard und Béatrice* versetzte mich von der ersten bis zur letzten Seite in eine brodelnde Erregung. Ich hatte meine Figuren und wich nicht von ihnen ab, denn alles in diesem Buch liegt in ihnen selbst und ihrer Leidenschaft. Es gibt keinen Dritten, keine Reisen, keine wirkliche Trennung und nicht das geringste Geheimnis. Am Anfang sind sie gegeneinander angetreten, »rasend und kämpferisch«, wie Barbara in ihrem Lied singt, und am Ende stehen sie noch immer da, ein wenig erschöpft, aber aufrecht. Als ich die letzte Zeile zu Papier brachte, hätte ich ihnen am liebsten für den schönen Kampf gedankt, wie man zwei Boxern dafür dankt, daß sie einander unter dem grausamen, kühlen Blick der Zuschauer stundenlang Schmerzen zugefügt haben ...

Ein Traum vom Senegal

Bevor ich mit *Ein Traum vom Senegal* beginne, muß ich etwas zu meiner vergoldeten kleinen Welt sagen, die man mir seit Urzeiten vorhält: »Madame Sagans Figuren stammen alle aus ihrer luxuriösen kleinen Welt, die ihnen jedwede alltägliche Beschäftigung abnimmt ...« Das hatte mich anfangs überrascht, dann irritiert und schließlich genervt, bevor es mir irgendwann gleichgültig wurde. Wie oft ich meinen Figuren auch einen normalen und zu ihnen passenden Beruf gab, am Ende waren sie angeblich immer Luxusgeschöpfe – als wäre nicht der Geldmangel die wahre Schlüsselfrage in *Chamade*, als spielten *Der Wächter des Herzens*, *Édouard und Béatrice* usw. unter steinreichen Müßiggängern, denen der Rest der Welt gleichgültig war. Ja, mir waren die Unwägbarkeiten der Leidenschaft immer wichtiger als die der Ökonomie. Aber welcher Schriftsteller sprach denn schon von Ökonomie? Racine und Proust natürlich nicht, aber ebensowenig Robbe-Grillet und Morand. Also beschloß ich, auf dem einmal eingeschlagenen Pfad zu bleiben. Nur bei *Ein Traum vom Senegal* wählte ich, wenn man so will, ein anderes Milieu und führte einen Buchhalter und eine Hotelwirtin in meine Liebesgeschichte ein.

Ich möchte gern direkt auf den üblen Vorwurf des Plagiats eingehen, mit dem ich mich dank der Tricksereien von Anwälten, Verlegern und Autoren mehr als ein Jahr lang herumschlagen mußte. Um die Sache kurz darzustellen: man beschuldigte mich des Plagiats, und ich konnte den Vorwurf nicht widerlegen, da der Text, den ich plagiiert haben sollte, angeblich nicht aufzufinden war – obwohl es für den entsprechenden Verleger ja nur logisch und in seinem Interesse gewesen wäre, ihn bei dieser Gelegenheit hervorzuholen. Solange die Sache nicht geklärt war, glaubten alle daran, oder taten zumindest so, mit Ausnahme des *Matin de Paris*, in dem mich ein gewisser Maurel – sein Name ist mir wie der eines Helden im Gedächtnis geblieben – bis zum Schluß verteidigte. Dazu muß man allerdings sagen, daß der

Matin de Paris kurz vorm Eingehen war und daß ihm die Drohung seitens des Hauses Flammarion – die es übrigens auch allen anderen Zeitungen gegenüber ausgesprochen hatte –, keine Werbung mehr zu schalten, ohnehin nichts mehr ausmachte. Trotz der Bemühungen von Madame Rozès, der die Gerechtigkeit wirklich am Herzen lag und die sämtliche einstweiligen Verfügungen, die mein Verleger gegen mich durchsetzen wollte, abschmetterte, verurteilte mich ein Richter dazu, die Hälfte meiner Tantiemen mit dem Autor zu teilen, den ich angeblich kopiert hatte, nämlich Jean Hougron. Außerdem ordnete er an, daß die Druckplatten mit dem Hammer zerstört werden sollten. Dieses geradezu Balzacsche Bündnis – denn mein eigener Verleger klagte gegen mich (es war das erstemal in der Geschichte der Literatur, daß ein Verleger das Buch eines seiner eigenen Autoren angriff, nachdem er es herausgebracht hatte) – sowie die mittelalterlich anmutende Urteilsverkündung (Hammer & Co.) führten uns vor das Appellationsgericht, an dem meine Gegner wegen ihrer unbegründeten Anschuldigungen verurteilt wurden und die Kosten des Verfahrens übernehmen mußten. Aber es dauerte fast zwei Jahre, um diesen elenden Machenschaften ein Ende zu bereiten. *Ein Traum vom Senegal*, das zwischenzeitlich, vom Hauch des Skandals umweht, erschienen war, verkaufte sich schlecht, da die Franzosen es glücklicherweise mit der Moral wesentlich genauer nahmen als Börsenspekulanten und Politiker.

Die Geschichte in *Ein Traum vom Senegal* ist komisch und traurig zugleich und voller überraschender Wendungen, die mich davon abhalten, sie hier genauer zu beschreiben. Sagen wir einfach nur, daß sie ganz und gar nicht langweilig ist, bisweilen sogar rührend. Man könnte einen wunderbaren Film daraus machen. Das ist eines der wenigen Bücher, die ich trotz meiner nicht immer überzeugenden Erfahrungen auf diesem Gebiet gern verfilmt sehen würde.

Um noch einmal auf das wahre Leben zurückzukommen, so war das Komische an dieser üblen Geschichte – »übel« deshalb, weil mich die Anschuldigung, irgend jemandem irgend etwas gestohlen zu haben, ganz krank machte vor Wut – die Reaktion der Kritiker. Nachdem sie mir erst meine kleine vergoldete Welt zum

Vorwurf gemacht hatten, die den Hintergrund für meine kleinen Melodien abgab, nörgelten sie in Anbetracht der bescheidenen Verhältnisse meiner Helden in *Ein Traum vom Senegal* im Chor: »Was erlaubt sie sich eigentlich? Soll sie doch gefälligst in der kleinen Welt bleiben, in der sie sich auskennt! Was hat sie denn in den Minen verloren?« Sie stürzten sich auf mein eigentümliches Vokabular und förderten dabei zutage, daß meine »Halden« eigentlich »Zechenhäuser« heißen müßten ... Im Grunde war es nur ein Detail, aber diese Halden wurden mir, sowohl in der Presse als auch im Fernsehen, noch lange vorgeworfen, wie eine bewußte Ignoranz diesen braven Leuten (die die Kritiker selbst offenbar hervorragend zu kennen schienen).

Willkommen Zärtlichkeit

In dieser unruhigen und mageren Zeit – mager deshalb, weil mir mein Verleger den Geldhahn zugedreht hatte – ließ ich mein Pferd Hasty Flag (bis dahin eine Schindmähre) beim Grand Prix de Haies in Auteuil laufen, wo es sozusagen mit den linken Hufen das Preisgeld von 250 000 Franc gewann, was es mir ermöglichte, mir eine Anwältin zu nehmen und sie auch zu bezahlen, mich also zu verteidigen und mich und die Meinen über Wasser zu halten. Ich wechselte von Flammarion zu Jean-Jacques Pauvert, der, wie sich herausstellte, noch ein echter Verleger war (bis er dem schlechten Beispiel folgte und sich, genau wie sein Vorgänger, einbildete, ich könne unter Drohungen schreiben – was mir unmöglich ist). Unter seiner Fittiche schrieb ich das wohl schönste und dissonanteste Buch meines Gesamtwerks, nämlich *Willkommen Zärtlichkeit*. Es war auch eines der dicksten (560 Seiten anstelle meiner üblichen 200). Nachdem ich mit Leicht- und bisweilen sogar Fliegengewichten gekämpft hatte, wandte ich mich nun dem Schwergewicht zu.

Dieses Buch, *Willkommen Zärtlichkeit*, war für mich der bis dahin noch nicht erbrachte Beweis, daß uns die Literatur – oder sagen wir besser, die Inspiration – aus allem herausreißen, von allem ablenken, über alle Zwistigkeiten stellen kann, denn von denen hatte ich zu dieser Zeit reichlich: diese Plagiatsgeschichte, die Hinterhältigkeit meines Verlegers, der finanzielle Engpaß und die Gläubiger, die sich, von irgendwelchen obskuren Alarmglocken aufgeschreckt, schon im Morgengrauen auf das Telefon stürzten, um mich anzurufen, ganz zu schweigen von den Katastrophen auf materieller Ebene, diversen Operationen usw. Doch dieses Buch, an dem ich fünf oder sechs Stunden pro Tag arbeitete, ließ die restlichen achtzehn unwirklich erscheinen. Ich hatte den falschen, aber hartnäckigen Eindruck, daß sich mein Leben dort, auf diesem riesigen, erfundenen Dampfer mit seinen Romanfiguren, abspielte und daß meine übrige Existenz nicht oder nicht mehr zählte. Abends legte ich mich schlafen, begeistert von einem Tag, der jedem anderen schauerlich erschienen wäre. Ich war im wahrsten Sinne des Wortes verzaubert, oder genauer gesagt im Bann eines Zaubers, den ich selbst geschaffen hatte, gegen den ich aber machtlos war. Die Schulden, die einstweiligen Verfügungen, die Einschreiben, die Zeitungen – all das ergoß sich jeden Morgen über mich, aber es perlte so schnell an mir ab, daß ich gar keine Zeit hatte, mich damit zu befassen. Es war das erste Mal, daß mir die Macht der Erfindungsgabe, der Einbildungskraft oder, allgemeiner formuliert, der Inspiration bewußt wurde.

Die Idee zu *Willkommen Zärtlichkeit* war mir ein paar Monate zuvor während eines Diners gekommen. Dort hatte ich einer eleganten Frau zugehört, die allgemein – und auch von sich selbst – als Musikliebhaberin bezeichnet wurde. Sie kam gerade von einer Kreuzfahrt zurück, die unter dem Zeichen der Musik gestanden hatte und auf der sie ein weltbekannter Geiger und ein ebenso berühmter Tenor begleitet hatten. Die Schiffsreise führte durch das Mittelmeer, von Hafen zu Hafen, von Museum zu Museum; die Tage waren der Kunst gewidmet und die Abende der Musik, wo die beiden Stars den Passagieren das Beste aus ihrem Repertoire darboten. Außerdem gab es eine ausgezeichnete Küche und hinreißende Landschaften, und abgesehen vom Preis (»Der reinste Wahnsinn«, sagte sie, »einfach unerschwinglich!«) würde sie diese Kreuzfahrt jedem empfehlen. Für den Rest des Diners versank ich in Träumereien von Ravioli, Capri, Verdi und Scarlatti, begann mir verrückte Programme auszudenken und beschloß, daß dies die reinste Goldgrube für einen Schriftsteller war.

Ich liebe Somerset Maugham, Aldous Huxley und Evelyn Waugh, deren Figuren und Erzählton mich lange Zeit verzaubert haben. Es wäre witzig, sich eine ähnliche Ansammlung von Snobs und Schmarotzern zwei Wochen lang vereint unter der Flagge der Musik vorzustellen. Die eine Hälfte der Leute wäre sympathisch, die andere unsympathisch, viele wären lächerlich; es gäbe Stürme in ihren Beziehungen, Begegnungen, Momente des Glücks und einige Überraschungen.

Es kam für mich nicht in Frage, meine Figuren, oder vielmehr meine Stereotypen, zu vertiefen oder zu verändern. Es würde die Diva geben, exzentrisch und kapriziös, den Gigolo auf der Suche nach einer guten Partie, den Windhund, der versucht, einen Coup zu landen, die zickige Frau von Welt, den dicken Produzenten, das intellektuelle Filmsternchen usw. Und das Ganze mit einem sarkastischen Unterton.

Natürlich lösten sich diese Schimären später in Luft auf. Am Ende des Buches wird aus dem Windhund ein Romantiker, der Gigolo verliebt sich rettungslos in die Diva, die zwar ein bißchen versponnen, aber auch zärtlich ist. Die Frau von Welt entpuppt sich als anständig und hellsichtig, der Produzent als feinfühlig und charmant usw. Zum Schluß blieben mir nur noch drei unverbesserliche Widerlinge: der Zeitungsverleger, der Pianist und das Sternchen. Und selbst die hätte ich mit dreißig weiteren Seiten noch zurechtgebogen. Vielleicht bin ich eine unverbesserliche Optimistin, oder ich habe eine allzu nachsichtige Phantasie, aber es ist mir seit jeher unglaublich schwergefallen, in meinen Büchern Figuren einzuführen, die von Anfang bis Ende negativ bleiben, beziehungsweise mich für sie zu erwärmen. Sartre hatte einmal zu mir gesagt, daß wahrhaft intelligente Menschen niemals bösartig sind, da Bösartigkeit stets mit Kurzsichtigkeit, mit einer elementaren Dummheit einhergeht, und zu meiner Überraschung erwies sich das mit der Zeit als zutreffend. Wobei ich gleich anmerken muß, daß mir ein »amüsiert-toleranter« Stil allerdings noch mehr gegen den Strich geht.

Das soll reichen. Ich kann und will die Leiden von zwölf Figuren während einer zweiwöchigen Kreuzfahrt nicht auf zwei Seiten zusammenfassen. Dies hier ist nicht *In einem Monat, in einem Jahr.* Diesmal brauchten meine Figuren 560 Seiten, um sich auszutoben. Das brachte Klarheit in das Buch, ich führte meine zwölf Helden mit strenger Hand, und nun gab es auch genug Seiten, um sie nicht durcheinanderzubringen. Ich schrieb für dieses Buch elf Anfänge von je einhundert Seiten, Entwürfe, die Jean-Jacques Pauvert leider behalten hat. Das sind 1100 Seiten, und jeder einzelne Versuch begann mit dem Satz: »Der Sommer ging seinem Ende entgegen, ein

Sommer, der gelb, strahlend und wild gewesen war, einer dieser Sommer, die an den Krieg oder die Kindheit erinnern.« 1100 Seiten, von denen ich vielleicht nicht einmal die besten behalten habe.

Doch die Kritiker waren begeistert von dem Buch, und es gab – und gibt noch immer – etliche Fans von *Willkommen Zärtlichkeit*. Einige von ihnen hörte ich bei der Lektüre schallend lachen, was mich stolz und zufrieden machte, als hätte ich eine Belohnung für mein Durchhaltevermögen und meine Lust am Schreiben bekommen. Ich hatte so intensiv an *Willkommen Zärtlichkeit* und seinem Stapel von Seiten gearbeitet, daß ich es nicht ertrug (ebensowenig wie Isabelle, die genauso süchtig war wie ich), das Wort »Ende« darunterzusetzen. Statt dessen fuhr ich direkt nach dem Wort, das eigentlich das letzte sein sollte, mit einem anderen Satz fort, der mir durch den Kopf schoß und dann auf der ersten Seite von *Stehendes Gewitter* (das nächste Buch auf der Liste) auftauchte. Damals wohnte ich an der Porte d'Orléans, Rue Alésia, in einem kleinen, etwas heruntergekommenen Haus, und außerdem hatte ich das Erdgeschoß eines anderen kleinen Hauses an der Cité Floréale angemietet, das noch uriger war und in dem die besagte Isabelle mit ihrer glitzernden Sonnenbrille und ihrer klappernden Schreibmaschine wohnte.

Dort saß ich, als ich das Wort »Ende« nicht unter *Willkommen Zärtlichkeit* setzte. Und das war schon seltsam, denn meine anderen Bücher hatten zwar eine spürbare Nostalgie in mir hinterlassen, aber *Willkommen Zärtlichkeit* lief mir trotz des Beifalls und der Kritik, die auf sein Erscheinen folgten, wie ein herrenloser Hund hinterher, den man nicht wieder loswird. Zum Glück dauerte die Kreuzfahrt nur zwei Wochen – wenn sie drei Monate gedauert hätte, säße ich heute noch auf diesem Schiff, der *Narcissus*, und wäre dabei, die Fäden der Handlung weiterzuspinnen!

Fast hätte ich das sogar getan, so dankbar war ich meinen Figuren, die mich aus dieser Plagiatsgeschichte herausgezogen und mich moralisch vor dem Schlamm und dem Schmutz des Prozesses beschützt hatten. Es gelang mir nicht, mich von ihnen zu trennen, weder von der Diva noch von den anderen; gern wäre ich der Doriacci nach New York an die Met gefolgt, und ger-

ne hätte ich meine »geschminkte Frau«* unge-
schminkt und schön am Arm ihres ehemals
spöttischen, nun aber zärtlichen Windhunds gesehen. Mein Produzent hätte das egoistische
Filmsternchen in die Wüste geschickt und sich
in Edma, die Frau von Welt, verliebt und sie
nach Paris in ein luxuriöses und anrüchiges
Stundenhotel entführt, an dessen Schwelle
Edma ausrufen würde: »Huch, das ist aber ein
drolliges Haus!«, um sich dann wie ein junges
Mädchen hinter einem Schrank zu verstecken,
und der gerührte und verdutzte Produzent würde ihre Schamhaftigkeit respektieren.

Ja, all das war möglich und sogar verführerisch. Einige Leser, die von den Ereignissen auf
der *Narcissus* fasziniert waren, drängten mich
förmlich dazu. Ich war schließlich die moralische Produzentin dieser Geschichte. In der
Fortsetzung müßte ich jedoch den einen nach
Paris folgen, den anderen nach New York oder
Cannes ... Wie sollte ich das machen? Ich
hätte nicht länger mein Schiff und seine Passagiere als Rahmen für ihre Schachzüge und Machenschaften. Die Leser wären verwirrt, meine

---

* Anspielung auf den frz. Originaltitel, *La femme fardée* (Anm. d.
Übs.)

Figuren hätten weder den Drang, einander zu begegnen, um sich kennenzulernen, noch die Abgeschiedenheit durch das Meer, um sich zu amüsieren. Statt dessen würden sie alle versuchen, die Person, die sie während der Kreuzfahrt waren, neu zu definieren, ohne sich dabei aber an mehr als eine vorübergehende Haltung zu erinnern. Sie stünden nicht mehr vor einer Wahl und wären nicht länger Gefangene des Meeres und der Musik, wie es in *Willkommen Zärtlichkeit* der Fall war. Und kann man denn Figuren wiederaufgreifen, die kein Geheimnis mehr haben, oder Affären, die längst anerkannt sind? Die Bedingungen waren nicht mehr dieselben. Es war nicht länger meine Geschichte. Was mich reizte, waren meine Helden, die ich nicht verlassen konnte, aber wenn ich es tatsächlich getan hätte, wenn ich ihnen weiter gefolgt wäre, hätte ich neben mir auf dem Rasen nur zappelnde Fische gehabt, die sämtliche Wasser der Fiktion nicht wieder zum Leben erweckt hätten.

So mußte ich also der bunt zusammengewürfelten und ergebenen Familie der *Narcissus*, die mich vor Bitterkeit und Zorn, vor Verdruß und Verachtung, vor Furcht und Menschenhaß bewahrt hatte, Lebewohl sagen. Ein Lebewohl Julien, Simon, dem alten Bautet-Lebrêche und allen ihre Gefährten und natürlich auch den Figuren, die ich noch hätte erfinden müssen, zum Beispiel einen Mann für die Doriacci, da ihr Geliebter ja gestorben war. Aber es war das erste Mal, daß ich meine Figuren mit soviel Widerstreben aufgab.

Der Film, den Robert Enrico daraus machte und der meiner Meinung nach höchst amüsant und mitreißend war, bekam eine so schlechte Kritik, daß es mich traurig stimmte. Es war auch das erste Mal, daß ein Kritiker in der *Libération* kalt bemerkte: »Ich habe den Film nicht gesehen, aber ich frage mich, was all die guten Schauspieler auf dieser Galeere verloren haben« (oder etwas in der Art). Das war meines Erachtens eine Unverschämtheit gegenüber dem Regisseur, seinen vielen Stunden Arbeit und seinen Hoffnungen, gegenüber den Bemühungen aller Beteiligten und dem Talent der Schauspieler, die anscheinend immerhin als ernstzunehmend galten und die sich drei Monate lang zusammengetan hatten, damit ein paranoider und unfähiger Journalist sie dann mit seiner arroganten Verachtung strafen konnte. Was ich in der Hand hielt, war nicht länger *Libération,* sondern *Prétention**. Ich möchte noch hinzufügen, daß ich in keiner Weise an der Herstellung des Films beteiligt war, daß ich ihn als Zuschauerin aber nicht nur gelungen, sondern auch witzig und bisweilen sogar bewegend fand. Und das ist doch wohl die Hauptsache. Ich mag es nicht, wenn man einem Schergen eine Waffe in die Hand gibt und ihn nach Lust und Laune auf gefesselte Feinde schießen läßt.

---

* Unübersetzbares Wortspiel: libération = Befreiung; prétention = Selbstgefälligkeit (Anm. d. Übs.)

STEHENDES GEWITTER

Auch *Stehendes Gewitter* ist von Éluard ent-
lehnt, doch das nur am Rande. Nach dem
etwas zynischen Temperament von *Willkommen Zärtlichkeit* und der offenkundigen Amo-
ralität seiner Figuren mußte und wollte ich
einen ganz anderen Ton und ein ganz anderes
Thema wählen. Unsere Epoche ist nicht gerade prädestiniert für die Romantik, aber ich
hatte nicht vor, mich in einen Elfenbeinturm
oder in die Einsamkeit des Landlebens zurück-
zuziehen, um mich der Lyrik hinzugeben, die
mir zu fehlen begann. Ich mußte also auf eine
andere Zeit zurückgreifen.

Nachdem die Klage meiner Verleger abgewiesen worden war und ich sie ihren hinterhälti-
gen Machenschaften überlassen hatte, war ich
frei und ungebunden auf meinen Weg zurückgekehrt, geleitet von Jean-Jacques Pauvert, der

mich und mein schönes Schiff zu Ramsay ge-
lockt hatte, wo man mir und *Willkommen
Zärtlichkeit* als einzige Werbemaßnahme eine
halbe Seite in *Le Monde* zugestand. Und damit
hatte es sich.

Ein wenig irritiert vertraute ich daher *Stehendes Gewitter* Bernard de Fallois an, der wiederum zu Julliard gehörte, doch er machte
genausowenig daraus wie Ramsay. Ich mußte
durch meine Anwesenheit für Werbung sorgen, mich sozusagen selbst verkaufen, und Interviews geben, die ich normalerweise abge-
lehnt hätte. Ramsay und Bernard de Fallois
zeigten aus Gründen, die ich nicht kenne, nur
wenig Enthusiasmus für Literatur von Frauen,
oder vielleicht auch nur für meine, wer weiß.
Von da an weigerte ich mich, mit irgendeinem
Verleger Verträge über mehr als ein Buch abzu-
schließen; es blieb mir ja unbenommen, später
auch ein zweites bei ihm herauszubringen,
wenn alles gut lief. Das ist übrigens eine der
zahlreichen Gemeinsamkeiten zwischen der
Ehe und dem Publizieren von Büchern. Dies
nur, um meine Sprünge von einem Verlag zum
anderen zu erklären. Heutzutage gibt es eben
nicht mehr viele Poulet-Malassis. Andererseits
aber auch nicht mehr viele Baudelaires. Und

dabei ist die Poesie doch das Schönste ... Ich glaube, ich sagte es schon.

Das Ganze spielte sich 1981 ab, als ich vom *mal de vivre* gepackt wurde, von dem Barbara singt, und das mich, hartnäckig wie alle Depressionen, fast drei Jahre lang in seinen Klauen hielt, während derer ich wie ein Schatten durch die Straßen und Kliniken schlich. Doch dieses Leiden ist zu verbreitet und zu schmerzlich, um hier weiter darauf einzugehen. *Stehendes Gewitter*, das ich sozusagen im voraus geschrieben hatte, sorgte während der drei folgenden Jahre für meinen Lebensunterhalt, und es liegt mir am Herzen, es zu verteidigen. Denn ein Buch, das sofort nach einem anderen erscheint, wie eine zweite Besetzung, und in einer Phase akuter Schreibhemmung als Notnagel herhalten muß, läßt nicht gerade auf eine berauschende Lektüre hoffen. Dabei mußte diese Geschichte unbedingt ein Erfolg werden. Dennoch wären ihr ihre Eigenheiten beinahe zum Verhängnis geworden, vor allem weil ich beschlossen hatte, ihr den Ton der damaligen Zeit – das Ganze spielt um 1830 herum – zu verleihen (der schönste Stil, den es je gab). Ich hatte vor, das Buch unter einem

Pseudonym zu veröffentlichen. Sollte mein *Gewitter* doch seine Blitze zucken lassen und für entsprechenden Wirbel sorgen, so daß sich das Publikum auf dieses Werk von einem gewissen Dupont stürzte. Unter dem Einfluß meiner Depression stellte ich mir bereits die Berge von Remittenden, die enttäuschten Buchhändler und meine Fassungslosigkeit vor, wenn ich feststellen mußte, daß meine Leser mehr an meinem Namen hingen als an meiner Prosa.

Vermutlich um mir diese zusätzliche Enttäuschung zu ersparen – oder vielleicht ist es auch reines Wunschdenken –, wehrte sich mein Verleger empört gegen diesen Einfall, den ich elegant und heldenhaft fand, von dem er jedoch fürchtete, daß er sich als lächerlich und kostspielig erweisen würde. Also band ich dem *Gewitter* ein kleines Halstuch mit der Aufschrift Sagan um, und so erfuhr ich nie, ob ein geschickt aufgemachter Dupont nicht den gleichen Erfolg gehabt hätte.

Im Jahr 1981 kam, wie gesagt, *Willkommen Zärtlichkeit* heraus. Doch in Frankreich geschahen noch andere Dinge, für die sich die Öffentlichkeit weit mehr interessierte als für meine Meisterwerke. An einem regnerischen Sonntag im Juni kam die Linke ans Ruder.

Ich war François Mitterrand lange Zeit zuvor, als ich noch mit Guy Schoeller verheiratet gewesen war, einmal bei Pierre Lazareff begegnet. Wir hatten kaum ein Wort miteinander gesprochen. Unsere zweite Begegnung fand 1980 auf einem kleinen Flughafen irgendwo im Südwesten statt (aus dem wir beide stammen), vielleicht in Tarbes oder Bayonne; ich weiß es nicht mehr. In dem Jahr jedenfalls war er ganz allein. Mit Helmen und Stiefeln ausgerüstet, zogen Mauroy und Rocard noch ohne ihn durch die Minen, und die Kommunisten hatten sich, ebenso wütend wie die Leute von der Rechten, in seine Hosenbeine verbissen. Kurzum, er war allein auf diesem Flughafen, und nachdem wir uns am Boden begrüßt hatten, setzten wir uns im Flugzeug nebeneinander. Es war ein vergnüglicher Flug mit einem intelligenten und humorvollen Mann, den ich bei dieser Gelegenheit einlud, mal zum Tee zu mir zu kommen, falls er Zeit hatte. Er wirkte weder einsam noch enttäuscht oder bedrückt von den äußeren Ereignissen, was mir gefiel. Ich hatte schon immer eine Schwäche für Menschen, die ein widriges Geschick mit Haltung zu tragen wissen.

So kam er dann zum Tee zu mir. Ich wohnte damals in dem besagten Atelierhaus in der Rue d'Alésia, wo ihn mein großer, lieber Wolfshund begeistert begrüßte, das sprach zu seinen Gunsten. Wir redeten über alles mögliche, außer über Politik, was uns sehr bald zur Gewohnheit werden sollte. Wir sprachen über den Tod, dem wir beide einmal sehr nahe gewesen waren: er hatte eine ganze Nacht lang geglaubt, bei Tagesanbruch erschossen zu werden, und ich hatte – etwas weniger dramatisch – eine ganze Nacht lang geglaubt, am nächsten Morgen an einem unheilbaren Krebs operiert zu werden. Wir hatten also beide eine Nacht mit der Gewißheit unseres bevorstehenden Todes verbracht und beide die Erinnerung an die animalischen, angsterfüllten Reaktionen des Körpers und an die mit Überraschung vermischte Neugier des Geistes bewahrt. Wie zum Beispiel die Entdeckung der eigenen Haut, der bläulichen Venen und des gleichmäßigen, unaufhörlichen und trügerischen Pulsieren des Blutes am Handgelenk. Wir hatten beide etwa das gleiche empfunden und fühlten uns beide der – wohl nicht sehr großen – Familie der Menschen zugehörig, die den Tod, ihren eigenen gleichmütigen Tod, von Nahem gesehen haben.

Wie all die Leute seiner Anhängerschaft erinnere ich mich an die vom Regen überschwemmten Straßen von 1981, an die Bravorufe und an die zahllosen freudestrahlenden Gesichter. Ich erinnere mich an finstere und rachsüchtige Gesichter bei einigen festlichen Diners. Ich erinnere mich an den ersten Anruf aus dem Palais des Präsidenten und an seine Ankunft in meinem Hausflur, noch immer allein, aber in einem leichten grauen Anzug, denn es war schönes Wetter. Ich erinnere mich an dieses erste Essen, an die Aufregung und Begeisterung meiner Familie, an die Nachbarn, die es nicht fassen konnten, daß er ihnen im Hausflur begegnet war, und an die vielen Polizisten, die plötzlich um sein Auto herum auftauchten, als er das Haus wieder verließ. Er war der einzige Präsident der Republik – der einzige von denen, die ich gekannt habe (es waren nicht viele, eigentlich sogar nur sehr wenige, aber immerhin ... seine armseligen Verwaltungsheinis wären nie darauf gekommen) –, er war der einzige Staatsmann, der nicht das Blaulicht einschalten ließ und die anderen Autos nur im Notfall überholte. Von solchen Situationen abgesehen gab es, so sagte er, »nicht den geringsten Grund, sich vor den Staus zu drücken«. Ich erinnere mich an die vielen gemeinsamen Essen, bei denen wir über alles mögliche sprachen. Ich erinnere mich an eine Reise nach Kolumbien, wo ich an einem Brustfellriß gestorben wäre, wenn er mich nicht umgehend mit einem Flugzeug nach Frankreich hätte zurückbringen lassen. Ich erinnere mich an den Tag der Ministerratskonferenz, als mein Hund gegen sein Glas stieß, ihm Rotwein über die Krawatte goß und ich die Krawatte in Weißwein legte, in der Hoffnung, daß sie innerhalb einer halben Stunde wieder makellos aussehen würde. Was sie zu meiner unendlichen Erleichterung und seiner großen Überraschung auch tat. Ich erinnere mich an so viele Dinge, und trotz all der Gemeinheiten und Schauergeschichten, die mit einer unglaublichen Unverschämtheit nach seinem Tod über ihn geschrieben worden sind, sehe ich ihn immer noch, wie er in seinem grauen Anzug lächelnd bei mir im Türrahmen steht. Und ich sehe noch die Gesichter der Franzosen in den Straßen am Tag seiner Beerdigung. Er war ein Staatsmann, ein wirklicher Staatsmann, stark und verschwiegen, vertrauenerweckend und distanziert. Er war ein bemerkenswerter Mensch und obendrein noch empfänglich für das Glück oder Unglück anderer Menschen. Ich trauere sehr um ihn, und ich werde auch weiterhin um ihn trauern. Egal, was die anderen darüber sagen, die ihn im Stich gelassen haben, nachdem sie sich jahrelang auf ihn berufen haben.

Und wir hatten eine Gemeinsamkeit: die Treulosigkeit, die bis zur Treue geht; dieses Paradox mag etwas gewollt klingen, aber es gibt Leute, die es trotzdem verstehen werden.

Zurück zu meinem *Gewitter*. Die Geschichte wird 1875 erzählt, von einem sehr alten Mann, der kurz vor dem Tod steht und sich erinnert. Im Jahr 1834 war er Notar und rettungslos in die schöne Flora de Margelasse verliebt, die aus dem englischen Exil zurückgekehrt war, in das sie wegen revolutionärer Aktivitäten hatte flüchten müssen. Sie war damals dreißig Jahre alt, eine hübsche Blondine, und zur gleichen Zeit wie der Notar verliebte sich auch ein Bauerndichter namens Gildas in sie, ein Gefühl, das sie nur allzubald erwiderte – zum Entsetzen ihres anderen Verehrers, des Notars. Die beiden heirateten in Paris und zogen sich dann in die Provinz zurück, zusammen mit Floras Kammerzofe (namens Marthe), die sowohl in der Stadt als auch unter deren Notabeln für Aufruhr sorgte, indem sie einen nach dem anderen verführte. Bis zu dem Moment, als Floras gutaussehender Ehemann ebenfalls ihren Reizen erlag und die Sache bei einem Ball ans Licht kam, was zu einem Duell führte. Ätschibätsch – wie es weitergeht und wie es ausgeht, verrate ich meinen nun neugierig gewordenen Lesern aber nicht.

Das war natürlich ein Scherz, aber es ist ein zugleich romantisches und sinnliches Buch, wenn man den Ton des Erzählers mag, der Verstand und Gefühle vermischt. Auf der Geschichte lastet einerseits das Schicksal und andererseits meine Feder, und das Ganze schwimmt nur so in Regen und Tränen. Dazu kommen einige Landschaftsbeschreibungen, was in meiner Werkgeschichte geradezu eine Sensation darstellt (Bernard Frank hat mal gesagt, meine einzige Naturbeschreibung fände sich in *In einem Monat, in einem Jahr* und bestünde lediglich aus der lyrischen Feststellung: »Der Herbst war goldrot.«).

Ich habe meine Liebe zur Natur bereits an anderer Stelle ausführlicher beschrieben und werde jetzt nicht noch einmal davon anfangen; aber es stimmt, es fällt mir manchmal schwer, darüber zu reden, wie über etwas allzu Intimes. Ich schaffe es nur aus der Ferne. Und ich habe auch keine Lust mehr, über meinen Hund oder seine Vorgänger zu reden, und genausowenig über die paar Menschen, mit denen mich eine bedingungslose Zuneigung verbindet oder verband. Dies alles ist ein Teil von mir, von meinem ureigensten Wesen, und in dem Moment, wo ich über sie spreche, ist es, als würde ich sie erstarren lassen, eine Skulptur von etwas Lebendigem anfertigen, den Zeitlauf und die Sternschnuppen anhalten. Ich sehe nicht ein, weshalb ich Gefühle oder Anwandlungen, die niemanden etwas angehen, außer diejenigen, die sie ausgelöst haben, auf diese Weise sterilisieren sollte. Aber ich war seit jeher der Überzeugung, daß es auf der Erde noch andere Familien gibt als die, deren Blut man in sich trägt und in denen man aufgewachsen ist, nämlich die Familien des Zufalls, Menschen, die man dumpf als Verwandte, Gleichgesinnte, Freunde oder Geliebte erkennt, als wären sie irrtümlich Jahrhunderte zuvor von einem getrennt worden und hätten all diese Zeit irgendwo gelebt, ohne einen zu kennen. Ich meine damit nicht das, was man geistige oder körperliche Verwandtschaft nennt, sondern eine Verwandtschaft, die aus Schweigen, Blicken und Gesten besteht, aus unterdrücktem Lachen und unterdrückter Wut, die Verwandtschaft mit einem Menschen, der sich über dieselben Dinge aufregt und über dieselben Dinge lacht wie man selbst. Im Gegensatz zur landläufigen Meinung lernt man diese Menschen nicht in der Jugend kennen, sondern erst später, wenn der Wunsch zu gefallen ersetzt worden ist durch den Wunsch, etwas zu teilen. Wenn man nicht mehr nach einem strahlenden Sieg über den anderen strebt, sondern nach einem ehrenhaften Frieden; wenn man vor allem nicht länger danach trachtet, das Wesen des anderen zu entdecken, weil man begriffen hat, daß man niemanden wirklich »kennen« kann. Was ich hier aufführe, sind keine pessimistischen Theorien, ganz im Gegenteil.

Wie gesagt steckte ich mitten in einer Depression, als *Stehendes Gewitter* erschien, und es fiel mir verdammt schwer, in lebhaftem, interessiertem Ton über ein Buch zu sprechen, das himmelweit von meinen alltäglichen Sorgen – oder besser gesagt, meiner alltäglichen Gleichgültigkeit – entfernt war. Ich verspürte jedesmal einen unwiderstehlichen Drang zu fliehen, wenn man mich auf meine vergangenen und zukünftigen Romane ansprach und auf das Interesse, das ich der Literatur entgegenbrachte. In dem Moment interessierte sie mich nicht für fünf Franc, und die Vorstellung zu schreiben erschien mir ebenso sinnlos wie unmöglich. Offenbar brauchte ich noch eine ganze Weile, bis zu *Brennender Sommer*, das vier Jahre später erschien, bis ich wieder Lust, Spaß und Kraft dafür fand.

Stehendes Gewitter half mir also, *Willkommen Zärtlichkeit* allmählich zu vergessen, auch wenn ich mich nicht so wahnsinnig für seine Figuren interessierte. Viele Schriftsteller aus jener Zeit (1870) scheinen in ihrer Prosa stets von gesundem Menschenverstand, Höflichkeit und Moral begleitet worden zu sein und beurteilen ihre bösen Figuren anhand ihrer

Handlungen oder Aussagen. Das nenne ich »das zweite Auge«. Schriftsteller wie Jane Austen oder Thackeray berufen sich auf Gott, obwohl sie gleichzeitig betonen, daß er mit ihren Angelegenheiten nichts zu schaffen hat, und dies wiederum bedauern. Doch was dachte Jane Austen wirklich über ihre Figuren? Hatte sie nicht vielleicht eine Schwäche für den schändlichen Verführer, der mit seinen schönen Pferden und seinem Tilbury durch Brighton rollte? Auch wenn er sich als zynisch und feige erwies und sogar seine Schützlinge verführte und sie zum Bösen erzog – wie dachte sie wirklich über ihn? Edith Wharton und die ganze »vorbildliche« Literatur des neunzehnten Jahrhunderts ist von dem reuigen Vergnügen geprägt, ausgesprochen schöne und restlos verdorbene Figuren darzustellen.

Dieses »zweite Auge«, das auch Balzac, Chateaubriand und Barbey d'Aurevilly benutzten und dessen Scheinheiligkeit mehr oder weniger akzeptiert war, ist im zwanzigsten Jahrhundert verschwunden, als das Ansehen des Glaubens so stark gesunken ist. Daher vielleicht die zunehmend schamlose Aura unserer Literatur. Die englischen und amerikanischen Autoren, die ich so mag, von Dorothy Parker über Barbara Pym bis zu David Lodge und Alison Lurie, kommen sehr gut ohne Gott zurecht, und das um so mehr, als sich die anglikanischen Pastoren nur allzu gern von den exaltierten und leidenschaftlichen Gefühlen ihrer weiblichen Pfarrkinder mitreißen lassen.

Dieses völlige Fehlen von Mystizismus und Religion war es wohl, das mich dazu brachte, *Stehendes Gewitter* zu schreiben, ein wunderbar romantisches Buch voller Bälle, Liebschaften, Duelle, Geheimnisse, Grausamkeit und Sinnlichkeit. Und all das, ohne ein einziges Mal den rächenden, moralinsauren Gott oder die errötenden Engel des vorigen Jahrhunderts heraufzubeschwören. Allerdings hätten sie auch reichlich zu tun gehabt, obwohl der Erzähler bei all seinem Unglück ein vollkommen ehrenwerter Mann blieb, und obwohl für ihn die schlimmste Strafe ein Leben ohne Liebe war ... Und die grausame Vision des Alters, das dem Tod entgegenstrebt, ohne eine Hand, die die seine hält ... und ohne ein Herz, das den Rhythmus des seinen aufnimmt. Diese Wichtigkeit des anderen gehört zu meinen wenigen, unumstößlichen Überzeugungen, und sie wird sehr treffend in folgenden Versen wiedergegeben:

Wenn er mich küßte und liebend umschlang, das war wirklich ein Himmel, ein düsterer Himmel, in den ich aufstieg und in dem ich hätte bleiben mögen, arm, taub, stumm und blind ... Doch nach einer heißen Liebkosung sagte er: »Wie dir das merkwürdig vorkommen wird, wenn ich nicht mehr da bin, dieses Leben, durch das du gegangen bist. Wenn du meine Arme nicht mehr unter deinem Halse hast, noch mein Herz, um dich auszuruhen, noch meinen Mund auf deinen Augen ...«

Denn selbst der ungestüme, ungreifbare, un-erbittliche Arthur Rimbaud kannte die kopflo-sen und schlichten Worte der Liebe und der Sehnsucht, geliebt zu werden, sehr gut – so gut, daß er ihr wohl eines Tages, in einem Moment, den auch die gründlichsten Chroni-sten nicht aufspüren werden, nachgegeben ha-ben muß.

BRENNENDER SOMMER

Nachdem ich bei Gallimard untergekommen war, zögerte ich lange, bevor ich mit *Brennender Sommer* begann. Bis dahin hatte ich mich immer vor ernsten Themen gedrückt. In meinen Liebesgeschichten ließ ich nie andere Hindernisse als die Schwäche oder Stärke meiner Figuren gelten, und schon gar nicht irgendwelche äußeren Ereignisse. Das war meine Art von Existenzialismus (um es mal philosophisch auszudrücken): den Leuten die Freiheit zu lassen, nach ihrem Gutdünken zu handeln und sich ausschließlich über ihre Handlungen zu definieren. Doch in *Brennender Sommer* ließ ich ein vollkommen fremdes, aber allmächtiges Element einschreiten, das ihr ganzes Leben beeinflußte und, im Nachhinein, auch ihren Charakter: den Krieg. Ich hatte nur sehr vage Erinnerungen an unseren Krieg, ich hatte nicht viel davon mitbekommen, aber ich konnte mir vorstellen, welche Auswirkungen von außen kommende Macht, Bedrohung, Angst und Gewalt auf einen Menschen haben kann, wie unbeschwert er auch sein mag.

Ich nahm mir natürlich eine Hauptfigur, Charles, die auch in meinem vorigen Buch hätte vorkommen und zu ihrer »kleinen Welt« gehören können. Ihm stellte ich ein Paar gegenüber, das aus Pierre, einem seiner besten Freunde, und dessen Geliebter – nennen wir sie mal Nini – bestand, die beide von der Gestapo gesucht wurden. Charles war verführerisch und leichtsinnig, die Geliebte seines Freundes schön und verängstigt. Zwischen den beiden entwickelte sich etwas Romantischeres als bloße Solidarität. Als der Jugendfreund auf Reisen ging, gaben sie der Versuchung nach und fuhren sogar für ein paar Tage nach Paris, was sie noch enger miteinander verband. Am Ende verschwanden die beiden Gejagten, Pierre und Nini, und Charles schloß sich, endlich überzeugt, der Résistance an – »des Krieges müde und ausgehungert nach Liebe«. Unterm Strich war es die Schicksalsergebenheit eines glücklichen und freien Mannes, der ergebene Entschluß, alles, sogar sein Leben, für irgendwelche Unbekannten aufs Spiel zu setzen. Ich bewege mich hier auf etwas unsicherem Boden, wenn ich von diesen Figuren spreche, weil ich das Buch dummerweise nicht zur Hand habe und das Ganze daher aus dem Gedächtnis wiedergeben muß, was nicht einfach ist.

Meine Belegexemplare haben sich mit schöner Regelmäßigkeit in Luft aufgelöst. Ich erinnere mich, daß ich einer schnell gekränkten Concierge, die es überaus eilig hatte – nicht etwa, es zu lesen, sondern es der Concierge von gegenüber zu zeigen –, mangels eines normalen Buches sogar einmal ein Prüfexemplar gegeben habe. Die anderen Ausgaben, auf Büttenpapier, Japanpapier usw., sind bei Verwandten, Freunden und allen möglichen anderen Leuten verschwunden, denen ich unglücklicherweise selbst die Tür geöffnet habe. Ganz zu schweigen von den Umzügen, bei denen natürlich die edlen Pléiade-Ausgaben untergehen, während die alten Taschenbücher überleben. Kurzum ... Kurzum, es wird Zeit, daß ich mir dieses »kurzum« abgewöhne, das meine Prosa infiziert wie der Mehltau den Wein.

Brennender Sommer verdankt seine Existenz zum großen Teil Françoise Verny, die mich geschickt überzeugte, daß jedes Thema gut ist und daß es ebenso schwierig ist, bei dramatischen Ereignissen nüchtern zu bleiben wie im Alltäglichen lyrisch. Also packte ich in dieses Buch den Krieg, die Gestapo, die Verhöre und die Gefahr sowie einige generelle Betrachtungen zu Feigheit, Gleichgültigkeit, Egoismus usw.

Das Buch wurde verfilmt; die Schauspieler waren gut, der Regisseur talentiert und das Thema interessant, aber der Film lief trotzdem nicht, weil ihm das gewisse Etwas fehlte. Es ist eine solide und werktreue Verfilmung, in der sich jedoch alles grundlos und unablässig verlangsamt, wie es das auch heute noch tut.

Das Lächeln der
Vergangenheit

Nach *Brennender Sommer* schrieb ich *Das Lächeln der Vergangenheit.* »Auf jeden Fall eine originelle Idee!« hatte Françoise Verny zu mir gesagt. »In Paris reden die Leute nur über andere, um sie schlechtzumachen.« Also schrieb ich ein Buch über meine Begegnungen, in dem die Bewunderung im Vordergrund stand. Ich weiß nicht, ob es nur der Reiz des Neuen war, aber mein *Lächeln der Vergangenheit* fand viele Leser. Ich habe es sogar selbst gelesen, vor einem Mikro für eine Kassettenversion der Éditions des Femmes, wofür ich meine Sprechweise von den üblichen 45 auf 33 Umdrehungen herunterschalten mußte.

Das Ganze fand an den Champs-Elysées statt, genauer gesagt in der Rue de Ponthieu, wo nachmittags in einem Studio im Erdgeschoß die Aufnahmen gemacht wurden. Obwohl nur hundert Meter von den Champs-Elysées entfernt, wirkte das Haus ausgesprochen ländlich, mit einem Innenhof à la Utrillo, in dem erst ein Kind und dann eine Katze auftauchte. Im Gegensatz zu den pessimistischen Vorhersagen des Toningenieurs und der Assistentin der charmanten Antoinette Foulque schlug ich mich ganz wacker, stotterte nicht und speicherte meine Stimme drei Tage lang wie ein Profi auf Band. In den Pausen, nachdem ich dem Kind die Nase geputzt und die Katze gestreichelt hatte (oder umgekehrt), trank ich in der Galerie du Lido, die direkt um die Ecke lag, einen Apfel- oder Grapefruitsaft. Ich glaube, es war Sommer, und ich habe diese drei Tage als herrlich faul und gelungen in Erinnerung – warum, weiß ich nicht; man tut wichtige, aufregende, dramatische Dinge, von denen einem nicht das winzigste Bild im Gedächtnis bleibt, und dann verbringt man drei Nachmittage in einem etwas heruntergekommenen kleinen Studio, die sich einem bis ins kleinste Detail einprägen ... der Innenhof, der Staub, die Katze und der Geschmack des Apfelsafts. Es klingt furchtbar, aber die einschneidendsten und die köstlichsten Erinnerungen sind einsame Erinnerungen. Die Momente zu zweit, die doch, wie man mir entgegenhalten wird, auf andere Weise prägend sind, werden vollkommen überwältigt, ausgelöscht vom Augenblick, von der Lebendigkeit des Augenblicks, von jenem Eindruck des Entfliehens, des Nicht-Seins, das die Leidenschaft vermittelt. Wenn man allein ist, merkt man, sieht man, was einem gefällt. Zu zweit sieht man nur den anderen.

In der Zwischenzeit kam *Das Lächeln der Vergangenheit* gut an. Eine ganze Menge Leute erkannten sich in meinen darin geschilderten Ansichten über Geschwindigkeit, Glücksspiel und andere, dabei doch völlig subjektive Themen wieder, und viele schrieben mir. Die Reaktionen der Leser freuten mich natürlich, aber andererseits wurmten sie mich auch. In dem Buch war keine Spur von Phantasie, sondern bloß Erinnerung. Jeder kann Erinnerungen wiedergeben. Die Phantasie jedoch ist unabhängig und gelegentlich widerspenstig. Es gelang mir zwar, einen vagen Stolz auf meine Einfälle bei einigen der geschilderten Begegnungen zu bewahren und in gehobenem Stil vor mich hin zu schnurren, aber das Ganze war so weit von der Fabuliererei entfernt, daß meine Eingebungskraft, meine ganz eigene Fabulierkunst quasi unnütz, überflüssig, unwillkommen war. Es war ein Buch – übrigens genau wie dieses hier –, das sich nur auf die Ehrlichkeit stützte, und es wäre der reinste Selbstmord gewesen, wenn ich es daran hätte fehlen lassen. Natürlich hat es mir Spaß gemacht, diese Essays zu schreiben, aber es drängte mich, meine Phantasie wieder freizulassen, ihr Raum für die vergnügten Spiele zwischen meinem Kopf und dem Papier zu geben.

Um ehrlich zu sein, habe ich von mir selbst ein wenig die Nase voll. Ich habe fünfzehn von meinen Romanen hintereinander gelesen, und da kommt dann schon mal leichter Überdruß auf. Man kann nicht zwei Monate lang nur die Romane eines einzigen Autors lesen, selbst wenn es die eigenen sind. Gerade wenn es die eigenen sind ...

Un sang d'aquarelle*

Und so ließ ich meinem Schöpfungsdrang freien Lauf. Mein nächster Held, Constantin von Meck, war ein weltberühmter deutscher Regisseur, seine Frau (und große Liebe) ein amerikanischer Filmstar. Sie hatten 1925 geheiratet, und die Handlung spielte 1942 in Paris, wo Constantin einen Film für die UFA drehte, einen hübschen jungen Zigeuner im Gepäck versteckt. Ich kann hier nicht die Einzelheiten und Verrücktheiten dieser Geschichte wiedergeben, ich möchte nur anmerken, daß sie trotz ihrer zügellosen Romantik und ihrer Ausschweifungen nicht lächerlich ist; auf drei Seiten begegnet man sogar Goebbels. Unangebrachteste Sorglosigkeit, zärtlichste Homosexualität und widerwärtigste Drohungen ließen

---

* Dieser Titel ist nicht ins Deutsche übersetzt worden (Anm. d. Übs.)

darin einen Wind wehen, den ich zwar nicht den Wind der Geschichte nennen möchte, wohl aber den der Intrige und der Ironie. Liebe und Bedrohung, Genuß und Pflicht, Angst und Sinnlichkeit wechselten einander ab, wie es sich für einen Abenteuerroman gehört. Die Geschichte war unmoralisch, doch inmitten des geschilderten Naziterrors schockierte das kaum. Ich hatte komische und derbe Momente eingeflochten, um meinen Figuren und – Gipfel der Eitelkeit – auch meinen Lesern ein paar Atempausen zu gönnen. Es ist schon seltsam, wie man sich manchmal aus purer Angst vor dem Melodramatischen auf das Vergnügen stürzt. Das Melodramatische zerschellt an Lustbarkeiten und Amüsement, wie überhaupt an allem, was zum alltäglichen Leben gehört.

Ich sollte noch hinzufügen, daß schon allein die Hauptfigur des Buches, Constantin von Meck, zugleich ein Unruhestifter, Casanova, talentierter Regisseur und Verräter ist, aus dem zum Schluß ein Held wird. Der Leser wird in einen Wirbel von dramatischen Wendungen und verfehlten und doch manchmal gar nicht so schlechten Maximen hineingezogen. Unterm Strich könnte man sagen, *Un sang d'aquarelle* ist ein hitziges und bisweilen naives Buch mit einem blasierten Äußeren. Es ärgert mich, daß ich dabei nicht umhin kann festzustellen, daß in vielen meiner Bücher der Zynismus nicht durch ein optimistisches oder sentimentales Ende aufgefangen wird.

Dabei war das »Aquarellblut« in Constantin von Mecks Adern kräftig rot und sprudelnd: Er betrog sich, er betrog andere, er wurde geliebt, er liebte, er wurde genommen, er nahm, und es herrschte nicht immer völlige Übereinstimmung zwischen ihm selbst und seinen Handlungen, zwischen dem, was er fühlte, und dem, was er gern gefühlt hätte. Dennoch wirkte Er wie ein aufrichtiger Mensch, auch wenn Würde für ihn kein Maßstab war. Der große, schlaksige, unwiderstehliche Constantin von Meck, Hollywoods Lieblingsregisseur, wurde nicht zum Helden, aber er ließ sich zu einigen heldenhaften Taten von ziemlich endgültigem Charakter hinreißen, die ihn dazu brachten, sich aus dem Leben zu verabschieden. Dabei liebte er es so sehr, und es hatte dieses Gefühl immer erwidert.

Auf jeden Fall gab es keine Identifikations-
möglichkeiten. Niemand sah sich als Filmstar
oder als verfolgter Zigeuner oder gar als fehlge-
leiteter Regisseur; das war zu extrem.

Denn ich spreche in diesem Buch zwar von
extremen oder exzessiven Dingen, aber nicht
von unwahrscheinlichen. Die machen mich in
einem Roman wahnsinnig; ich konnte Märchen noch nie ausstehen, und vielleicht schaffe
ich mir jetzt Tausende von Feinden, wenn ich
das schreibe, aber *Der Kleine Prinz* hat mich
seit jeher zu Tode gelangweilt. Im wahren Leben finde ich genug Verrücktheit, Grausamkeit und Aufopferung, da brauche ich doch
nicht noch das Unmögliche! Oh, diese spre-
chenden Kaninchen, flüsternden Füchse und
philosophierenden Eulen ... Schon seit Kin-
dertagen meide ich sie wie die Pest! Ihre moralinsauren und pseudopoetischen Sätzchen sind
einfach unerträglich. Nehmen wir zum Beispiel mal ein Kind und einen Bären:

Das Kind: »Bist du der unbezähmbare Bär,
der Schrecken der Wälder? Der, der aber dennoch von den anderen Tieren geliebt werden
möchte?«

DER BÄR: »Das bin ich, und das bin ich nicht. Ich habe einfach zuviel Kraft, um jemanden zu umarmen, ohne ihn zu töten ... Und so laufe ich durch die Wiesen und Wälder und jage anderen und mir selbst Angst ein!«

DAS KIND: »Dabei läufst du nur vor dir selbst weg, weißt du das?«

DER BÄR: »Das wußte ich schon, als ich noch ganz klein war.«

DAS KIND: »Armer Bär ... Du tust mir leid!«

Schluchz, heul, jammer! Als ob es nicht genügend Leute gäbe, die guten Grund haben zu jammern. Ich gebe es ganz gelassen zu: *Alice im Wunderland* fand ich schon immer zum Gähnen! Und jetzt kommen Sie mir bloß nicht damit, daß ich keine Kindheit oder keine kindliche Naivität gehabt hätte! Ganz im Gegenteil, meine Kindheit war so lang, daß ich mir nicht mal sicher bin, ob ich ihr überhaupt entwachsen bin – wie es im übrigen bei jedem sensiblen Menschen der Fall ist. Ich habe mir einfach, schon als ich klein war, ausgemalt, was mir und meiner Familie wohl so alles passieren könnte. Nur die Politiker können sich, wie sattsam bekannt ist, noch für einfältige und der Situation völlig unangepaßte Sätzchen begeistern, kurze und gedrechselte Sätze, die sie als Maximen verkaufen wollen, Sätze, deren Knappheit im Ausdruck die Knappheit des Geistes widerspiegelt.

DIE SEIDENE FESSEL

Mit diesem tolldreisten und abenteuerlichen Buch schloß ich meine kriegerische Periode ab und wandte mich wieder meinen Pariser Geschichten zu, deren einziger Konflikt »das Spiel der Liebe, dieser zärtliche Krieg« war.

Ich habe lange gebraucht, um die Quelle dieser Verse wiederzufinden. Schließlich habe ich sie in einem Lied von Marcel Achard entdeckt:

Wollen Sie mit mir spielen,
Das Spiel der Liebe, diesen zärtlichen Krieg?
Der Feind ist der Geliebte,
Fragen Sie mich nicht, warum.

In diesem Buch spreche ich – wie ja bereits klar ist – weder über meine Theaterstücke noch über meine Erzählungen oder meine sonstigen Texte, wie zum Beispiel *Musiques de scène, Les violons parfois* oder *Le cheval évanoui*. Ich beschränke mich auf die Romane. Sonst würde ich nie fertig, ich würde einen Widerwillen gegen meine eigenen Texte entwickeln, und schon jetzt empfinde ich leisen Überdruß und Lust auf etwas anderes, was mich fast daran hindert, mit dem nötigen Interesse und Respekt über meine Bücher zu sprechen. Doch Kopf hoch, armer Leser, Kopf hoch! Es fehlen nur noch zwei oder drei Romane, und die liegen zum Teil so kurz zurück, daß ich gar nicht weiß, was ich dazu groß sagen soll. Nur Mut! Schon sind wir bei *Die seidene Fessel* angekommen, einer leichten Geschichte, wenngleich auch sie mit einem Selbstmord endet, aber einem, den sich, wie ich hoffe, eine ganze Anzahl von Lesern ersehnt hat, die sich mit dem geplagten, faulen Vincent, dem Helden der *Seidenen Fessel*, verbunden fühlen.

Vincent ist als junger Mann von seiner Frau »gekauft« worden, die sich für ihn eine schillernde Karriere als Virtuose erträumt hat. Doch leider ist er kein großer Musiker, vor allem aus Faulheit; aber er bekommt Unterkunft, Essen und Kleidung von seiner strengen Frau, die ihn wie einen großen, talentierten Säugling behandelt. Laurences Eifersucht und besitzergreifende Art verfolgen ihn und lassen ihm kaum Luft zum Atmen. Und als Vincent eines Tages einen »Hit« schreibt, setzt seine reizende Gattin alle Hebel in Bewegung, damit er nichts davon hat, weder Geld, noch Ruhm und vor allem keine Freiheit. Der sarkastische Ton des Ich-Erzählers setzt einen angenehmen Kontrapunkt zu den poetischen Abschnitten (über den Regen in Paris oder die Malerei). Außerdem begegnet er sich selbst und dem Urteil anderer mit solcher Gleichgültigkeit, daß er ausgesprochen seltsam wirkt. Es gibt Situationen, Handlungen und Worte, die kein normaler Mensch hinnehmen würde, die Vincent jedoch mit größter Ruhe akzeptiert. Im Grunde ist er ein Mann, der mit einer Xanthippe verheiratet ist, dem man aber weder Mitleid noch Vorwürfe entgegenbringen kann, was für ein Paar ja gar nicht mal so übel ist. Und was die Beschreibungen betrifft, so ist zum Beispiel die des Pferderennens ebenso lyrisch wie detailliert. Sie vermittelt ein ziemlich treffendes Bild davon, was ein Mensch, der Pferde liebt, wahrnehmen und fühlen kann: Das Dröhnen des rasenden Galopps, das Beben der Erde, das man bis ins Rückgrat spürt, die vorgebeugte Haltung, die man automatisch mit dem Jockey einnimmt, all das ist sehr gut geschildert. Am liebsten würde ich die Passage *in extenso* wiedergeben, doch diese angenehme, aber etwas billige Lösung habe ich mir von Anfang an verkniffen. Dabei wäre das meinen Absichten aufs Trefflichste entgegengekommen; so hätte ich einen Text zusammenbekommen, ohne arbeiten zu müssen – davon träume ich manchmal, wie so manch anderer Literat.

Die seidene Fessel fand bei ihrem Erscheinen, soweit ich mich erinnere, wenig Echo. Vielleicht weil Vincent, die Hauptfigur, seine Zeit damit verbringt, die Dinge zu bagatellisieren und zu versuchen, sich das Leben einfach zu machen, was es übrigens auch wäre, wenn seine Frau nicht wie ein Geier über seinem Kopf kreisen würde. Vincent bemüht sich nach Kräften, alles Romantische aus seinem Leben zu verbannen, was für einen Autor nicht gerade besonders bequem ist. Indem ich ihn Situationen aussetzte, die mir selbst unerträglich erschienen wären, gab ich dem konfusen und vielleicht perversen Wunsch nach zu zeigen, wie man mit einem Maximum an Zynismus oder Gefühlskälte jegliche Empörung und jegliche Vorstellung von Gerechtigkeit ersticken kann. Und Vincent ist dafür wie geschaffen: Die wenigen Momente, in denen er in die Sentimentalität abzugleiten droht, werden durch seine übertriebene Sachlichkeit sofort abgeschwächt oder völlig ausgelöscht.

Dies war das erste Mal, daß ich ein Buch über einen Menschen schrieb, der zugleich unschuldig und ausgekocht ist, und zwar sowohl auf finanzieller Ebene, wo er ganz beiläufig alles mitnimmt, was ihm gehört, als auch auf emotionaler Ebene, wo er in aller Seelenruhe seinen Einsatz zurückzieht. Er hat etwas Russisches an sich. Sieben Jahre lang ist er von seiner Frau entwaffnet worden, dann gibt ihm der Zufall des Erfolgs die Waffen zurück, derer er sich zunächst nur zu Verteidigung bedient, dann jedoch, angesichts der aggressiven und pathetischen Reaktionen seines Gegners, auch zum Angriff. Unbewegt sieht er zu, wie seine wohlmeinende Xanthippe vor ihm in die Knie geht.

Auf den ersten Blick wirkt er sehr oft wie der unschuldigere, normalere von beiden, doch tatsächlich steckt in ihm – und nur in ihm – eine barbarische, kalte Gleichgültigkeit, die seine Frau überhaupt erst zu ihrem lächerlichen, beziehungsweise abstoßenden Verhalten treibt. Selbst ich habe beim Wiederlesen an manchen Stellen gedacht: »Was für ein Mistkerl!« oder »Was für eine Zicke!« Außerdem wird einem klar, daß der Einsatz der Waffen ihren Trägern nur schaden kann, da dabei beide Parteien unweigerlich verletzt werden. Natürlich wird man mir jetzt vorhalten, daß der Preis, den die gute Laurence für ihren ersten Irrtum zahlen muß, ein wenig hoch ist und daß sie keine Gelegenheit bekommt, zum Angriff überzugehen, da sie stirbt – der einzige Schlag, der Vincent erschüttern kann.

Das Ende des Buches, die letzten Seiten sind die einzigen von dieser Geschichte, die ein wenig lyrisch sind (nein, nicht die letzten Seiten, sondern nur die obere Hälfte der letzten). Abschließend könnte man sagen, daß es ein nervöses Buch ist, voller Reflexe und Reflexionen, sehr oft abstoßend und ebenso oft komisch. Es ist geradezu ideal für eine Zugfahrt – eine Klassifizierung, die häufig als beleidigend für einen Autor gilt, doch ich persönlich finde, daß der Zug, die Sitze und die vom rhythmischen Schienengeräusch der Räder geprägte Einsamkeit einen wunderbaren Rahmen bilden, um ein Buch zu entdecken und sich in ihm zu verlieren. Es zu Hause zu lesen, zwischen zwei Fernsehsendungen, erscheint mir da fast noch beleidigender.

Das Amüsante an dem Unterfangen, in das ich mich hier gestürzt habe, ist, daß es das erste und letzte Mal sein wird. Ich kann mir nicht vorstellen, daß ich dieses Buch noch einmal lesen werde (außer für die Korrekturen), und ebensowenig das folgende, falls es ein solches gibt. Aber ich glaube schon, daß es eines geben wird, denn ich habe eine Geschichte im Kopf, die mich immer öfter beschäftigt. Auf den ersten Seiten treffen wir fünf Kinder, drei Jungen und zwei Mädchen, etwa zehn bis zwölf Jahre alt, vereint durch den gleichen Schmerz, der sie am gleichen Tag getroffen hat. Ihre Eltern hatten sie während der Skiferien besucht, um gemeinsam Weihnachten zu feiern, und dann war die Kabine der Seilbahn abgestürzt, und mit ihr die Eltern von Thomas, Pauline, J. P., seiner Schwester Myriam und Christian, dem Jüngsten. Die eigentliche Geschichte setzt zehn Jahre später ein; die Waisen sind mittlerweile erwachsen und leben seit zehn Jahren zusammen. Einer von ihnen, Thomas, ist Reporter und kommt aus dem Irak zurück, wo er achtzehn Monate lang gefangengehalten worden ist, usw.

Die Fortsetzung werde ich Ihnen nicht erzählen, da ich sie selbst noch nicht so genau kenne. Ich kann nur sagen, daß ich bereits drei Anfänge für dieses Buch geschrieben habe, daß ich mich dafür – seien wir ruhig ehrlich – abgerackert habe, um es dann dreimal wieder beiseite zu legen, weil es einfach schlecht geschrieben war und meine Einleitung mangels jeglicher Melodie oder Harmonie holprig und konfus wirkte. Keine einzige Ellipse, um meine Sätze zu verknappen, kein Schwung, um sie zum Schweben zu bringen. Meine lieben Kollegen von der Literatur kennen das genausogut wie ich: die faden Schwindel, die Kiesel, die man aus all dem Sand holt, der sich im Kopf angesammelt hat, die Augen, die sich einem plötzlich öffnen, weil der Blick auf Sätze fällt, die man schon beim Schreiben wenig überzeugend fand, und dieser erste Eindruck nun auf brutale Weise bestätigt wird. Man hockt da, umgeben von seinem schwachsinnigen Gestotter, und fühlt sich einsam und untalentiert. Die Wörter sind nur noch Wörter und die Literatur ein Zeitvertreib, der anderen vorbehalten ist.

Kein Mensch kann das Entsetzen beschreiben, das einen befällt, wenn man das, was man am meisten liebt, nicht mehr beherrscht, vor allem wenn einem das Projekt, an dem man arbeitet, und die dazugehörigen Figuren (auch wenn man weiß, daß sie sich im Lauf der Geschichte ganz von allein verändern werden) hundertmal langweiliger erscheinen als das Traumbuch, das man schon immer schreiben wollte, und unendlich weit davon entfernt. Die Literatur ist eine zugleich gehetzte und geduldige Frau. Es ist wirklich eine grausame Pflicht, ein Buch noch einmal in Angriff zu nehmen, an dessen erstem Kapitel man sich seit Wochen die Zähne ausbeißt. Man fühlt sich zugleich allmächtig und verletzlich, zugleich als Verursacher und Opfer jener furchtbaren und immer wiederkehrenden Krankheit, der Unfähigkeit – der Kehrseite meines Berufs und, in meinem Fall, der Kehrseite der gewohnten Mühelosigkeit, die ich für immer gepachtet zu haben glaubte.

Nichts gehört dem Menschen für immer,
Weder seine Kraft, noch seine Schwäche,
noch sein Herz . . .

Schon wieder Aragon, der unsterbliche Aragon ...

Am Ende von *Die seidene Fessel* erfährt Vincent bei einem Anruf von unterwegs, daß seine Frau sich umgebracht hat. Und wenn sich jemand für Sie oder Ihretwegen umbringt, jemand, den Sie Ihretwegen Tag für Tag haben leiden sehen, Ihretwegen oder wegen des Menschen, den der andere in Ihnen gesehen hat, zu unrecht vielleicht, aber an den zu glauben Sie ihm gestattet haben, dann werden Sie sich zwangsläufig schuldig fühlen. Selbst wenn er Sie von A bis Z erfunden hat (weil das, was er von »Ihnen« wollte, »Sie« waren), selbst wenn Sie ihn nie belogen sondern ihn im Gegenteil sogar gewarnt haben, selbst wenn Sie sich alle erdenkliche Mühe gegeben haben, ihm zu zeigen, wer »Sie« sind und was in »Ihnen« steckt, nicht mehr und nicht weniger.

Vielleicht, wenn Sie härter oder weniger hart gewesen wären ... Aber wie kann man das wissen? Sie können vielleicht »gar nichts dafür«, wie man so sagt, aber Sie sind der Grund dafür, daß der andere jetzt unter der Erde liegt, anstatt im Sonnenlicht spazierenzugehen. Und

Sie stehen da, ohne Antwort und selbst halb tot, denn das, was fehlt, ist nicht eine bestimmte Person, sondern der sentimentale und liebevolle Teil von Ihnen, der das freundliche, zerstreute Gesicht tolerierte, das Ihnen aus jedem Spiegel entgegensah. Ein ganzer Teil von Ihnen, der zum Beispiel schon allein den Gedanken an eine Erkältung haßte, der aber gleich beim ersten Nieser mit Aspirin vollgestopft wurde und sich allein schon durch diese Fürsorge geheilt fühlte ... Ein Teil von Ihnen, gleichgültig und verführerisch, der jetzt von diesem nervenaufreibenden anderen getrennt ist, der Sie umbrachte und letztlich dennoch rettete; jener Teil von Ihnen, der bisher abwesend war und nun bis in alle Ewigkeit nach jemandem suchen wird, den es nicht mehr gibt.

DIE LANDPARTIE

Ich könnte, jeder könnte diese nutzlose Ab-
schweifung weiterführen, aber fahren wir fort!
Im Jahr 1990 hatte ich mich mal wieder auf die
Nase gelegt, und so fuhr ich mit einem Stock
an die Côte d'Azur, wo ich mich mit einem
Freund treffen wollte. Wir waren luxuriös un-
tergebracht, auf einem italienischen Schiff,
und trafen zur Eröffnung des Filmfestivals in
Cannes ein. Reizenderweise hatte man mir
Karten dafür geschickt. Allerdings hatte ich
absolut keine Lust, mich mit einem Stock zu
zeigen und fünfzigmal die Geschichte meines
Unfalls zu erzählen. Also gab ich die Karten
diesem Freund, der begeistert war und sich mit
unserem Gastgeber, der ebenfalls eingeladen
war, zum Festival begab. Die ganze Truppe
machte sich um zwei für die Nachmittagsvor-
führung auf den Weg, und ich sah zu, wie sie
ins Beiboot kletterten, drüben wieder heraus-

kletterten und sich heiter unter die Menge mischten. Als das Beiboot zurückkam, machte ich mich ebenfalls auf den Weg, aber allein. Man hatte mir einige Zeit zuvor von neuen Spielsälen im Carlton erzählt, und bis zum Ende des Festivals ging ich dorthin, um ein wenig zu spielen, aber nicht zu lange, damit ich vor der Rückkehr meiner munteren Filmclique wieder auf dem Schiff war. Das Ganze dauerte eine gute Woche, die wunderbar durchgeplant und ruhig gewesen wäre, wenn ich nicht, wie damals bei *Stehendes Gewitter*, einen fertigen Text im Kopf gehabt hätte. Die Geschichte begann mit der Flucht aus dem besetzten Paris, bei der ein von der Straße abgekommener, angeschossener Rolls-Royce seine vier mondänen Insassen zu einem ausgedehnten Aufenthalt auf einem Bauernhof zwang, der durch den Krieg seiner üblichen Arbeitskräfte beraubt war. Die Abenteuer und Dialoge dieser wohlgeborenen Herrschaften flossen mir quasi von allein aus der Feder, und schließlich ließ ich das Casino links liegen, um mich meiner Aufgabe als Sekretärin zu widmen, denn nichts anderes war ich. Eine lange Reihe von perfekt ausgewogenen Sätzen entsprang meinem Hirn und schrieb sich mit Hilfe meiner Hand auf;

übrigens zu meiner großen Erheiterung, denn es war ein witziges Buch, oder sollte es zumindest sein. Jedenfalls hatte ich meinen Spaß daran.

Um sicherzugehen, daß meine Heiterkeit begründet war, gab ich das Ganze nacheinander etwa einem Dutzend netter, aber kritischer Leute zum Lesen. Ich setzte sie in einen Raum, drückte ihnen mein Manuskript in die Hand und setzte mich selbst in einen benachbarten Raum und lauschte. Wenn sie lachten, fühlte ich mich gerettet; wenn sie lange schwiegen, strich ich die Seite durch und begann von vorne.

Nachdem ich auf diese Weise den größten Teil meines Freundeskreises unterhalten hatte, veröffentlichte ich *Die Landpartie* schließlich, die vor allem die Engländer amüsierte; sie waren die ersten, die das Buch verfilmen wollten. Nach der Lektüre dieses Romans haben die Leute den dankbaren Gesichtsausdruck von Lesern, die man zum Lachen gebracht hat, ganz im Gegensatz zu dem rachsüchtigen Ausdruck der Leser, die man zum Weinen gebracht hat, auch wenn sie natürlich unterm Strich alle sehr nett sind. Aber woher kamen diese völlig Unbekannten überhaupt, an die ich noch nie bewußt gedacht hatte und die ich gar nicht beschreiben wollte? Witzig oder nicht, ich fand es schon ein bißchen unverschämt von ihnen, mich zu benutzen wie ein Tonband.

Und mitten ins Herz

Dies war bei *Und mitten ins Herz* (gleiche Autorin, gleicher Verlag) nicht der Fall. Ich hatte davon bereits einen ziemlich langen ersten Aufguß gemacht, den ich dann in einem Frustanfall ein bißchen zu schnell in meinen lieben Papierkorb geworfen hatte. Ich habe nämlich bei mir zu Hause eine Reihe von Geräten, die, wenn man sie miteinander verbindet, sämtliche Funktionen des Computers erfüllen: einen Schreibtisch, einen Papierkorb, eine Schreibmaschine usw. Die Tatsache, daß man an der Schreibmaschine einen Absatz nicht einfach irgendwo herausnehmen und ihn dann an anderer Stelle wieder einfügen kann, belastet mich im Gegensatz zu meinen fortgeschritteneren Kollegen nicht. Wenn ich in irgendeinem meiner Bücher einen ganzen Absatz umstelle, wirft das alles über den Haufen, da ich meistens streng chronologisch schreibe. Dennoch mag ich diese großen Maschinen, die angeblich die Zukunft repräsentieren – denn was könnte man schon gegen die Zukunft haben, außer daß sie ein wenig bedrohlich ist? –, ganz gern, und zwar wegen der Zeichnungen und Farben ... man kommt sich im Handumdrehen vor wie ein Grafik-Genie, und diese unnatürlichen Farben begeistern mein Auge. Nun gut. *Die Landpartie* war also im Papierkorb gelandet, hatte mir jedoch noch einige Versionen hinterlassen. Die warf ich auch weg, stieß aber irgendwann auf einen Entwurf, den ich zwei Jahre später fast gegen meinen Willen wieder aufnahm. Ich wußte sehr genau, daß ich die Geschichte nicht zu Papier bringen konnte, solange ich mich nicht definitiv dafür entschieden hatte, so wie heute bei den Waisenkindern im Schnee, die mich quälen. Das Thema war ebenso aktuell wie unerfreulich zu schreiben und zu lesen. Ein Mann erfährt eines Morgens, daß er zum Tode verurteilt ist, daß der Krebs, an dem er leidet, unheilbar ist, kurz: daß ihm nur noch ein halbes Jahr bleibt. Ich wollte den Tag dieses Mannes beschreiben, den Tag eines lebenslustigen und beliebten Mannes, der mit seinem qualvollen Ende konfrontiert wird. In dem verbliebenen Entwurf fand ich mit einem Schlag die Figuren wieder, die ihn umgaben und die ich vergessen geglaubt hatte; sofort mit dem ersten Satz – der auch bei diesem erneuten Versuch gleichgeblieben war: »Und haben Sie lange geraucht?« – fielen meine Figuren regelrecht über mich her, so daß der Entwurf überflüssig wurde. Und so erzählte ich vom Alltag eines glücklichen und vom Glück verwöhnten Mannes, der fassungslos auf die bittere und kostbare Zeit blickt, die ihm noch bleibt.

In dieser Phase, der schlimmsten meines Lebens, entdeckte ich auch Schumann wieder. Mitten in meiner eigenen Hölle schrieb ich Wort für Wort die Geschichte eines anderen Menschen, der sein Ende auf sich zukommen sieht. Es heißt, man schreibt immer das Gegenteil von dem, was man ist, aber ich habe seit jeher heitere Bücher geschrieben, wenn ich heiter war, und umgekehrt. Dies war natürlich ein trauriges Buch, mit Ruhephasen, Rückblicken und Variationen. Ein schwieriges und auf den ersten Blick indezentes Thema, der Tod eines anderen. Doch *Und mitten ins Herz* ist ein sehr gutes Buch, ernst und komisch, bitter und treffend, sensibel und vernünftig. Es ist übrigens erstaunlich, wie vernünftig meine Literatur trotz aller Uneinheitlichkeit sein kann. Man ist am Ende nicht deprimiert oder angewidert, wie es manchmal vorkommt; zumindest *ich* bin von ihr nicht frustriert oder niedergeschlagen, auch wenn ich sie nicht unbedingt bewundere.

Nach dieser kleinen Aufmunterung für mich selbst nun zurück zu meinem lieben Mathieu und dem vermeintlichen Ende seines Lebens. Unter den Briefen, die ich zu *Und mitten ins Herz* bekam, waren auch ein paar tragische, auf die es keine Antwort gab und um die sie im übrigen auch gar nicht baten. Menschen, die kurz vor dem Tod stehen, scheren sich keinen Deut um Autogramme oder gutgemeinte Allgemeinplätze. Sie wollten mir nur bestätigen, wie treffend meine Beschreibungen waren, und schrieben mir, obwohl ihnen das Ende, dieses »Hintertürchen«, wie eine Verhöhnung erschienen sein muß. Ich glaube, es wäre mir lieber gewesen, wenn sie mich nicht für meine Genauigkeit gelobt hätten, denn so kam es mir vor, als hätte ich ihr Leiden als Romanmaterial benutzt. Einer dankte mir dafür, daß er sich »weniger einsam gefühlt« hätte, gab jedoch

seine Anschrift nicht an. Was mal wieder be-
weist, daß der Tod als etwas angesehen wird,
dessen man sich schämen muß, selbst wenn es
sich nicht um Aids handelt. Ich hatte dummerweise einfach nicht daran gedacht, daß
auch Kranke das Buch lesen könnten. Und daß
sie es vielleicht sogar extra kauften, weil sie sich
davon eine meiner üblichen Liebesgeschichten
erhofften, die sie für eine Weile ablenken würde. Das Thema von *Und mitten ins Herz* war
zu sehr auf den Tod fixiert und das Ende zu
billig, was voll und ganz meine Schuld ist; ich
hatte schon immer den Hang, Dramen einen
oberflächlichen Schluß zu geben, Süßes mit
Saurem zu vermischen, Kaltes mit Warmem
usw.

Davon abgesehen hege ich eine unendliche
Nachsicht gegenüber einigen von meinen Lesern, vor allem für die vollkommen weltfrem-
den, von denen man Briefe wie diesen bekommt:

Sehr geehrte Madame Sagan,
ich habe alle Ihre Bücher gelesen. Ich schätze
Sie sehr, und ich möchte Ihnen ein phantasti-
sches Projekt für uns beide vorschlagen. Denn

wissen Sie, ich habe ein unglaublich spannen-
des Leben gehabt, das sich kein Mensch vorstel-
len kann, nicht einmal Sie. Ich habe mir ge-
dacht, ich erzähle es Ihnen am besten direkt
oder auf Kassette, denn ich hatte nie Zeit,
Tippen zu lernen. Aber Sie können das ja, und
wenn Sie mir helfen, meine Geschichte zu Pa-
pier zu bringen, und dafür sorgen, daß sie
veröffentlicht wird (Sie haben doch Verbin-
dungen in der Branche), teilen wir den Ge-
winn 50/50. Wir können uns auch den Ruhm
teilen, wenn Ihnen das wichtig ist (und falls Sie
unbedingt allein auf dem Titel stehen wollen,
werden wir uns sicher einigen können – ich bin
ein Ehrenmann, wie Ihnen jeder bestätigen
wird).

In ungeduldiger Erwartung Ihrer Antwort auf
dieses Angebot verbleibe ich mit den besten
Wünschen und herzlichsten Grüßen,

> *Ihr ergebener und treuer Leser –*
> *und bald vielleicht Kollege,*
> *Jean-Pierre Dubois aus Nevers.*

Solche Briefe beantworte ich nicht. Sie verströ-
men eine übertriebene Selbstsicherheit, die
mir auf die Nerven geht. Aber dafür antworte
ich manchmal gescheiterten Schriftstellern, die

verzweifelt sind, weil sie sich ein halbes Jahr oder länger ernsthaft dafür gehalten haben.

Das sind Leute, die von einer unglaublichen Leidenschaft für die Literatur gepackt sind, die davon träumen, veröffentlicht und gelesen zu werden, ohne auch nur das geringste Talent oder einschlägige Kenntnisse zu haben. Diese Leute träumen, und irgendwann stolpern sie dann unweigerlich über eine der tausend Annoncen, die regelmäßig in kleineren Zeitschriften erscheinen und unter dem Namen »Die französische Feder« oder ähnliches mit Schlagzeilen wie »Auch Sie können schreiben!« oder »Schriftsteller werden – warum nicht?« locken. Sie heben die Adresse auf. Schließlich werden sie schwach und schicken, nachdem sie mühsam gespart haben, die zehn- oder zwanzigtausend Franc an den »Verlag«, die nötig sind, um 1.) das Buch zu veröffentlichen und 2.) den berühmten Autor zu bezahlen, der das Manuskript lesen und dem angehenden Autor seinen unschätzbaren Rat zukommen lassen wird, wodurch aus dem häßlichen kleinen Entlein dann ein stolzer Schwan werden soll. Dann wartet das Entlein einen Monat, zwei Monate, oft mehr, selten weniger, in jedem Fall aber lange genug, um in Freudenschreie auszubrechen, wenn es dann die begeisterten Lobeshymnen des großen Autors bekommt, den es im übrigen bei seinem nächsten Besuch in Paris auch persönlich kennenlernen soll. Leider werden für die Organisation dieses Treffens und des angekündigten Förderungsaufenthalts für das vielversprechende junge Talent noch einmal zwanzigtausend Franc benötigt. Unser Held, der bereits am Rande des Ruins steht, setzt Himmel und Hölle in Bewegung, um die Summe zusammenzubekommen, und trägt seinen skeptischen Freunden gegenüber eine erwartungsvolle und triumphierende Miene zur Schau, die sie überrascht. Er sagt ihnen nichts, weil sie sich nur über ihn lustigmachen und weiter versuchen würden, seinen Traum zu zerstören. Er schickt einen weiteren Scheck an »Die französische Feder« und bekommt dafür zwei Wochen später fünfundzwanzig Exemplare seines Buches, natürlich hektographiert, »druckfrisch aus der Presse«. Sämtliche zwanzig Seiten, über die im *Echo de Quercy* (oder einem ähnlichen Käseblatt) ein enthusiastischer Artikel erschienen ist, den er mit separater Post erhalten wird. Unser Mann ist hingerissen. Er braucht einen Monat, um das

Geld, das er für seinen Aufenthalt in Paris – wo er seinen Beratungsautor und seinen Verleger kennenlernen wird – und seinen Zweidrittel-anteil an der Zugfahrkarte Marseille–Paris und zurück zu finden, zu verdienen oder zu leihen. Ist er verrückt geworden? Wovon träumt er da eigentlich? Doch seine Leidenschaft reißt ihn mit, und er treibt weitere dreitausend Franc auf. Allerdings beginnt er sich Sorgen zu machen. Zu recht.

Denn während dieser drei oder vielleicht auch sechs Monate glaubt der talentlose Schriftsteller an seine Berufung. Er glaubt dar-an und folgt der diabolischen künstlerischen Bestimmung, die seinem wahren Ich ent-spricht. Wer will behaupten, daß Liebe und der Glaube zu lieben nicht dasselbe ist? Unse-rem Mann ist es ernst, und er ist verloren; dennoch hat er das Glück der leeren Seite gekannt, die man beginnt, und das Erstaunen über jede volle, die man beendet, das Kratzen der Feder auf dem Papier, das Rascheln der Seite, die man umblättert, den Geruch der Tinte usw. Er hat die ganze Nacht durch-gearbeitet, hat die Müdigkeit der frühen Mor-genstunden kennengelernt, wenn man sich im Morgengrauen glücklich auf dem noch unberührten Bett ausstreckt. Er ist eingeschlafen, einen gerade geschriebenen Satz im Kopf, bei dem er vielleicht doch ein Adjektiv ändern wird. Ein dutzendmal ist er wieder aufgestanden, um an seiner Arbeit zu feilen, erschöpft, aber wie berauscht von dieser Nacht und stolz, unendlich stolz auf sich ... Welch ein Glücksgefühl!

Und welches Glück könnte man dem entgegenhalten? Was könnte das noch übertreffen? Nichts, es sei denn, er bekäme plötzlich einen Scheck mit einem freundlichen Gruß von der »Französischen Feder«, anstelle des verächtlichen Schweigens, das man ihm mittlerweile entgegenbringt. Mit Tränen in den Augen wende ich mich von diesen sentimentalen Neulingen ab, die man doch so oft – wenn auch völlig zwecklos – vor den Betrügern im Literaturgeschäft, der »Französischen Feder« und Konsorten, gewarnt hat, von denen zwar gelegentlich und aus purem Zufall einer erwischt wird, was aber nur den Enthusiasmus der einen und den Zynismus der anderen anspornt.

Abgesehen von dem Betrug mit den Träumen gibt es jedoch leider noch andere Fallen, in die der angehende Schriftsteller tappen kann. Wie

196

zum Beispiel die Zeichensetzung, derer man sich doch so sicher fühlte, wie sich herausstellt jedoch völlig zu unrecht. Ich habe eine ganze Menge Bücher zu dem Thema gelesen, geschrieben von Spezialisten, die allesamt leidenschaftliche Verehrer des Kommas und eingeschworene Hasser des Punktes waren, egal ob in Form eines Ausrufe- oder Fragezeichens oder verbunden mit zwei weiteren Artgenossen.

Der Punkt ist unbeliebt, jedoch immer noch angesehener als der Strichpunkt, dieser Bastard, der alles tun würde für das Komma, dem wahren Punkt der Zeichensetzung. Ich gehe jede Wette ein, daß sich würdevolle Männer mit Zylinder und Wörterbüchern wegen dieser Variationsmöglichkeiten geprügelt haben. Man braucht nur zwei, drei freundliche Wörter zu nehmen und ihre Reihenfolge umzustellen, und schon bricht Krieg aus. Vom dubiosen Trema, den zerstreuten Klammern, den verlogenen drei Pünktchen, den ungenierten Akzenten, die man überallhin setzen kann, und dem Doppelpunkt, dem Zwillingspaar der Literatur, mal ganz zu schweigen. Ich möchte an dieser Stelle nur jene – oft bescheidenen –

unbeugsamen Helden der Zeichensetzung loben, die tun und lassen, was sie wollen, und die, wie man fast hinzusetzen möchte, vor allem im Frühjahr sprießen. Diese Aufzählung verhilft denjenigen meiner Leser, die mehr über mich wissen wollen, als ich normalerweise über meine Lippen bringe, sicherlich zu einer wesentlich größeren Erleuchtung als alle meine Bücher.

Bin ich nun fertig mit dieser mühsamen, amüsanten und bisweilen grausamen Aufgabe? Habe ich die Werke aus meiner Vergangenheit aufmerksam genug wiedergelesen? Habe ich mich so ernsthaft darüber ausgelassen, daß dieses Unterfangen etwas Sinnvolles darstellt? Ich weiß es nicht. Die erneute Lektüre meiner Bücher hat mich in manchen Momenten in den Sumpf der Scham hinabgezogen und in anderen auf die Wolken der Selbstzufriedenheit gehoben – zwei Reflexe, die sich glücklicherweise nicht zu einer generellen Einstellung verfestigt haben. Ich muß dazu erwähnen, daß mich beim Schreiben dieses Buches ein geradezu greifbares Glück umhüllt hat, in meinem Dorf im Département Lot, wo es kalt und sonnig war und wo am Fuß meines Bettes die ganze Nacht ein Feuer knisterte. Ich muß ebenfalls erwähnen, daß ich davor wegen eines gebrochenen Beins drei Monate voller Medikamente, Klinikaufenthalte, Röntgenaufnahmen und Ultraschalluntersuchungen hinter mich gebracht hatte, bis ich schließlich erschöpft an den Ufern meiner Kindheit gestrandet war – anheimelnden oder abweisenden Ufern, je nachdem, welche Einstellung man dazu hat. Dort gefiel mir alles und wärmte mir das Herz. Ich entdeckte alles neu. Man kann in jedem Alter noch einmal lernen zu leben. Im Grunde genommen tut man sein ganzes Leben lang nichts anderes. Aufbrechen, aufbauen, aufatmen – als würde man nie wirklich etwas über das Leben herausfinden, außer gelegentlich eine persönliche Charaktereigenschaft, von der niemand etwas geahnt hat, am wenigsten man selbst: Durchhaltevermögen, Tapferkeit, Unbeschwertheit, etwas, das in den schlimmsten Augenblicken ans Tageslicht kommt und mit dem man nicht gerechnet hat. Es kann natürlich auch Unfähigkeit, Feigheit oder Selbstaufgabe sein.

Außerdem kam ich mit einem Buchmanuskript unter dem Arm zurück, eingeheftet in einen schönen roten Ordner, das ich sezieren, ausweiten oder straffen und an dem ich meine masochistische Korrekturlust austoben konnte. Und später dann, bald, würde ich mich an meinem neuen Roman und seinen neuen Figuren versuchen. Letztere warteten bereits auf mich, sie brauchten mich zum Leben, so wie auch ich sie zum Leben brauchte ... Anscheinend habe ich sie mein ganzes Leben lang gebraucht, nach all meinen Büchern zu urteilen, die ich gerade wiedergelesen habe.

Zum ersten und gewiß auch zum letzten Mal.

Quellenverzeichnis

Stéphane Mallarmé, *Seebrise.* in: *Französische Dichtung,* dtv, München 1991. Ü: Stefan George

A. Rimbaud, *Eine Zeit in der Hölle.* Lambert Schneider, Heidelberg 1982. Ü: Walther Küchler

Paul Élouard, Choix de poèmes – Ausgewählte Gedichte. H. Luchterhand, Berlin 1963. Ü. Gerd Henninger

Françoise Sagan –
Die Romane aus
Mein Blick zurück

Bonjour tristesse – Bonjour Tristesse (Julliard 1954; Ü: Helga Treichl, Ullstein 1955)*

Un certain sourire – Ein gewisses Lächeln (Julliard 1956; Ü: Helga Treichl, Ullstein 1957)*

Dans un mois, dans un an – In einem Monat, in einem Jahr (Julliard 1957; Ü: Helga Treichl, Ullstein 1958)

Aimez-vous Brahms? – Lieben Sie Brahms? (Julliard 1959; Ü: Helga Treichl, Ullstein 1959)*

Les merveilleux nuages – Die wunderbaren Wolken (Julliard 1961; Ü: Helga Treichl, Ullstein 1961)

La chamade – Chamade (Julliard 1965; Ü: Elisabeth Schneider, Ullstein 1966)

---

* noch lieferbar

Le garde du cœur – Der Wächter des Herzens (Julliard 1968; Ü: Jeanette Frank, Ullstein 1969)

Un peu de soleil dans l'eau froide – Ein bißchen Sonne im kalten Wasser (Flammarion 1969; Ü: Ilse Walther-Dulk, Ullstein 1970)

Des bleus à l'âme – Blaue Flecken auf der Seele (Flammarion 1972; Ü: Eva Brückner-Pfaffenberger, Ullstein 1973)*

Un profil perdu – Ein verlorenes Profil (Flammarion 1974; Ü: Margaret Carroux, Ullstein 1975)

Le lit défait – Édouard und Béatrice (Flammarion 1977; Ü: Margaret Carroux, Ullstein 1978)

Le chien couchant – Ein Traum vom Senegal (Flammarion 1980; Ü: Ulrich Friedrich Müller, Ullstein 1981)

La femme fardée – Willkommen Zärtlichkeit (Ramsay-Pauvert 1981; Ü: Wolfram Schäfer, C. Bertelsmann 1983)

Un orage immobile – Stehendes Gewitter (Julliard-Pauvert 1983; Ü: Arja Wilms, C. Bertelsmann 1986)*

De guerre lasse – Brennender Sommer (Galli-

---

* noch lieferbar

mard 1985; Ü: Hermann Stiehl, C. Bertelsmann 1987)

Avec mon meilleur souvenir – Das Lächeln der Vergangenheit (Gallimard 1984; Ü: Hermann Stiehl, C. Bertelsmann 1985)

Un sang d'aquarelle – [nicht übersetzt] (Gallimard 1987)

La laisse – Die seidene Fessel (Julliard 1989; Ü: Asma El Moutei Semler, Rowohlt 1990)

Les faux-fuyants – Die Landpartie (Julliard 1991; Ü: Sylvia Antz, Econ 1992)*

Un chagrin de passage – Und mitten ins Herz (Plon/Julliard 1994; Ü: Kirsten Ruhland-Stephan, Ullstein 1995)*

---

* noch lieferbar